催眠恋愛術

女心を誘導する禁断のテクニック

催眠セラピスト

林 貞年

hayashi sadatoshi

現代書林

まえがき

あるお見合いパーティーのエピソードです。

集団見合いの席で同じ席に着いた3人の男性がいました。

大手企業に勤める紳士的な男性と、童顔の若い男性、そして無精ひげを生やしたトラック運転手の3人です。

この男性たちは3人とも同じ一人の女性を気に入ってしまいます。

誰もが大手企業の紳士的な男性が彼女をゲットするものだと思っているなか、最終的に彼女をゲットしたのは無精ひげを生やしたトラック運転手だったのです。

では、どうして大手企業の紳士ではなく、トラック運転手の男性が彼女のハートをつかんだのでしょうか？

答えは簡単です。

彼は**〝モテるコミュニケーション術を実行した〟**――ただそれだけなのです。

彼女をゲットできたのは、偶然とはいえ、我々が常に目指すコミュニケーションの形を彼が作り出していたからです。

催眠心理を応用したコミュニケーションのテクニックは、出会いの場で大逆転を起こすほどパワフルな力を持っているのです。

なぜ、本書は恋愛においてパワフルなのか？

人の心には**意識**と**無意識**があります。

「むくわれない恋だとわかっています。でもホストを好きになってしまったんです」

「不倫はいけないことだとわかっています。でも妻子のある人を好きになってしまったんです」

こんな風に、いけないことだとわかっていても自分に歯止めがきかない恋愛があります。この「わかっている」という部分が意識であり、「わかっていても好きになってしまう」という部分が無意識です。

人を好きになる行為は理屈じゃありません。無意識が好きになってしまえば意識の力などほとんど役に立たないのです。

恋愛は見た目でも腕力でもない。相手の無意識を味方につけるかどうかです。

この相手の無意識を味方につける技術こそが催眠のテクニックなのです。

本書を読み進めていくことで、異性との接触に必ず自信が持てるようになります。

それは、**本書が我々のテクニックをそのまま公開しているもの**だからです。

なぜ、催眠の手法で恋愛がうまくいくのか?

催眠現象というのはにわかに信じがたいものがあります。

特にテレビなどで見せる催眠術はタレントが指揮者になったり、ストリッパーになるなど、催眠術師の暗示ひとつで不思議な現象を引き起こしてしまいます。

どう見ても信じがたい。

しかし、一見不思議に見えるこのような現象も、相手の無意識を味方にしてしまえば難なくできてしまうのです。

もっと強烈な催眠現象になると、幻覚の発生まで起こります。

目の前にいるのは一般の男性なのに、「トム・クルーズに見える」とか「X JAPANのYOSHIKIさんです」と暗示すると本当にそう見えてしまうのです。

こんな現象でも、催眠を知らない人は首をかしげるに違いありません。

しかし、不思議なことなど何もないのです。これも無意識が思い込んでいるだけのこと。**人間は現実に起きていることを脳に伝えるのではなく、自分が思い込んだものを脳に伝える**のです。

無意識が思い込んでしまえば、柳の枝だって幽霊に見えてしまう。

これは**人の心の90パーセントが無意識**だからです。

意識が何を思っていようと、無意識が思い込んでしまえば、その人にとっては真実であり、現実なのです。

催眠は人の心の無意識に働きかける技術です。人類が使うコミュニケーションの中で、催眠ほど無意識をダイレクトに動かす手法は他にありません。

催眠のノウハウを知っている人と知らない人とでは、コミュニケーションにおいて差が出るのは当然のことなのです。

本書は、**そんな催眠のテクニックを余すことなく公開**していきます。

なぜ、催眠はセックスに応用できるのか?

男女のコミュニケーションを深めるうえで、大きなハードルといったら、最初のセックスではないでしょうか? 男性にしてみれば、彼女をはじめてのセックスに誘うときは大仕事です。

しかし、これも催眠のノウハウを知れば難しい作業ではなくなります。本文で述べる、相手の中にエロチックな感情を起こす方法も、それを引き出す方法も、彼女と一線を越えるときには必ず役に立ちます。

また、セックスそのものにおいても、**女性がオーガズムを味わうには意識の変性が必要にして不可欠**です。平常心でオーガズムに達する女性なんていないでしょう。**意識を変性させるテ**

クニックは催眠の専売特許です。
第5章では、催眠をセックスに応用する方法を詳しく解説していきます。

なぜ、知らない間に信頼関係ができるのか？

常識では考えられない現象を引き起こす催眠ですが、フタを開けてみれば心理学の一分野であり、れっきとした科学です。

催眠をかけるためには、心理学を基礎にした信頼関係が必要です。

本来、**催眠は信頼関係を築き、信頼関係を深めていく心理技術です。信頼関係が究極まで深まったときに、催眠現象が生じる**のです。

しかし、本書で紹介する催眠テクニックでは「あなたは眠くなる」とか「私の言うことには逆らえない」などといった催眠的言語は一切使いません。

本書は日常生活の中で催眠テクニックを活用させるための本です。当然のことながら、相手に催眠を意識させることはありません。日常の会話や行動の中に暗示的な要素を含ませるのです。実際、**無意識はこの含みに反応する**のです。

相手は知らないうちに、「なぜだかこの人には任せてもいい気がする」「なぜだかこの人とは合う」などと思ってしまうのです。

でも、そんな強力なテクニックを身につけるには、相当の努力がいるのでは……？

そんな心配をする人もいるでしょう。でも心配は無用です。

催眠は誰にでも習得できるし、日常生活への応用は誰にだってできるのです。あなたが使うか使わないかだけです。

恋愛で使える催眠テクニックの実践マニュアル——それが本書であり、本書がパワフルな秘密もここにあるのです。

なぜ、頑張っているのに恋愛がうまくいかないのか？

世の男性には彼女との交際に一生懸命努力しているけど、努力が逆効果になっている人や、空回りしている人はたくさんいます。そんな男性たちに是非とも催眠のノウハウを活用して欲しいのです。

心の動きを知らずしてコミュニケーションは始まりません。

無知は努力を空回りさせるだけなのです。

本書の内容を把握すれば自信がつきます。テクニックを実践すれば人生が変わります。

本書は数多くの催眠テクニックをわかりやすく説明するために、出会いから交際、そしてセックスなど、いろんな場面を例にあげて解説しています。

催眠は心が相手ならどんなときにも力を発揮します。催眠のノウハウはあなたの一生物になるはずです。

出会い、恋人同士との有意義な時間、そして安定したセックス・ライフのために、どうぞこの本をお役立てください。

催眠恋愛術●目次

第1章

恋愛心理にもっとも役立つ催眠の理論と手法

第2章 恋愛上手になるための大原則

第3章 恋愛を支配する恐るべきイメージ・ボックス

第4章　催眠心理　セックスへのいざない

第5章

性的本能を呼び起こすセックスinトランス

第6章

モテる男になるための志

第1章

恋愛心理にもっとも役立つ
催眠の理論と手法

イケメンも高級車も敵じゃないナンパ成功の秘訣

ある少年たちのグループは、車の免許を取ったばかりということもあって、週末になるといつもナンパ（ガール・ハント）に出かけていました。

このグループには、モデル並みの容姿にＢＭＷ（外車）で女の子たちに声をかけるコンビもいたそうです。

しかし、この少年たちの中にはＢＭＷのコンビやイケメンをさしおいて、ダントツの成功率を誇る少年がいたのです。

彼は特別カッコいいわけでもないし、車はありふれた国産車しか乗っていない。それなのに、ひとたび彼が狙いをつけると、ほとんどの女の子が車に同乗して来るというのです。

彼に直接話を聞いてみました。

「ぼくはルックスも良くないし、カッコいい外車も持っていないので、車から声をかけるだけでは成功しないんです……」

それなら彼の成功率はどこからきているのでしょうか？

彼のナンパは、まず自分自身が車から降りて女の子たちの側で声をかけることから始まる。そして相手の警戒心が取れてきた頃を見計らって、最初に返事を返してくれたほうの女の子の手を握って、車までエスコートするのだそうです。

このようにすると、たいていの女の子が「ちょっと待ってくださいよ……」などと嫌がるそぶりを見せながら、すんなり車に乗って来るといいます。

端から見たら、彼が強引に乗せているように見えてしまう。でも彼はそういった状況をわざと作っているのです。

彼いわく、「本当に嫌がっている女の子は、ぼくの手を思いっきり振りはらって睨みつけたりするものですよ。そんなときはいさぎよく諦めればいいだけですから……」

女性というのは本来、責任を取るのが苦手なものです。

自分に責任が及ぶであろう判断や決断はしたくないのが女性なのです。

考えてみてください。最初に車に乗った女の子には責任が出てきます。それを彼女たちはわかっています。あとから乗ってきた女の子は「あんたが乗っちゃうから私も仕方なく乗ったんだよ」という言い訳ができます。

「ナンパはされてみたものの、この男たち、つまんない……」となった場合のことを心のどこかでちゃんと考えているんです。

「ほら、あんたのせいでつまらないじゃん」

「あんたが簡単にナンパされるからこうなるんだよ」

こんなことは、誰も思われたくないんです。こんな汚れ役をしたい女の子はいません。

だから、**女の子以外の誰かが汚れてやることで彼女たちの負担が少なくなる**というわけです。

これが、彼のナンパの成功率を上げていた一番の要因です。

彼が行なっていたのは、相手の気持ちを考慮した〝**状況形成**〟です。

ようは、女の子が誘いを断る大きな原因である責任を、こちらがかぶってあげれば成功率はグンと上がるということなんです。

ちなみに、最初に返事を返してくれた女の子に狙いをつけるのは、そのグループの中で一番、人を傷つけない性質だからだそうです。

最短時間で仲良くなれるチューニング・テクニック

我々催眠療法士はクライアントとの間に親密な信頼関係を作ります。そうしないと催眠へ導けないからです。この信頼関係を「ラポール」というのですが、我々はラポールを急速に形成するために、あるテクニックを使います。

今では、心理誘導といえばチューニングから始まるというぐらいメジャーになってしまったテクニックですが、やはりコミュニケーションにおいて、このチューニング・テクニックを無視することはできません。それだけ効果の高いテクニックなのです。

『チューニング』は合わせるという意味で、相手の無意識の行為、衝動、状態に同調することで、仲間意識を抱かせていくテクニックです。

つまり、相手と同じことをするのです。

ただし、我々が標的にするのはあくまでも無意識です。相手の無意識に同調するからこそ催眠にかかるほどの効果が急速に得られるのです。

簡単にいうとマネですね。しかし、マネをしていることを相手に気づかれてはいけません。相手に気づかれないように、相手の行動や姿勢をマネするのです。それだけで相手はあなたに好印象を抱きます。

なぜなら**人は自分と同じものに心を開いていく**からです。

たとえば、相手が前かがみになって話をしてきたら、あなたも前かがみになって受け応えをします。相手が足を組んだら、あなたも足を組みます。まるで相手とあなたの間に鏡があるようにマネをするのです。

この方法は、鏡に映ったように相手のマネをすることから**ミラーイング**という名前がついています。

また、相手の表現方法やペースに合わせるのも効果的です。相手が大きい声で話す人なら、あなたも大きな声で、相手が早口で話すのなら、あなたも早口で話せばいいのです。

これを**ペーシング**といいます。そして、もっとも効果のあるチューニングは呼吸に対するペーシングだという催眠家も少なくありません。

相手の呼吸のペースに合わせて、こちらも同じ呼吸をするのです。

ただ、呼吸のペースだけに気を取られていると、肝心の話の内容が全然理解できていなかったりします。

そこで、ちょっとした呼吸合わせのポイントがあるので紹介しておきましょう。

呼吸チューニングにはポイントがある

催眠の初心者に多いのですが、強力なラポールを早く築こうとして、面接の間ずっと呼吸を合わせることだけに必死になる人がいます。

でも、呼吸チューニングはポイントだけ合わせれば充分です。

そのポイントは**相手と会話のテンポがズレたとき**です。

相手と会話のテンポが合っているときは、呼吸チューニングをしてもあまり意味がありません。テンポが合っているときは、すでに無意識が同調しているからです。

だから相手とのテンポに違和感がないときはそのまま会話を続けて、しっかり相手の話を聞いてください。

そして、会話の間（ま）が空いたときには相手の呼吸に集中して、相手が次に話し始めるその瞬間だけに息を吐きます。

もし、相手に話し始める様子がなかったら、こちらから何か質問などをして、相手が話し始めるタイミングに合わせて息を吐くのです。

ちなみに、チューニングは相手があなたを理解しようとしているときがもっとも効果のあるときですから、初対面のときに使うとよりいっそうパワーを発揮します。相手の無意識は自分と同じだと思うので急速に仲良くなれるのです。

自分と同じだから、あなたを理解することに時間がかからないというわけです。

警戒心を弱めるバーバル・チューニング

初対面のときは、ルックスがいいとか、楽しい人だと思ってもらうのは確かに有利です。しかし、大人になるにつれて人は警戒心を増すようになり、表面的なものではすぐに親しくなれないものです。

では、相手の警戒心を弱めていくためには何をすればいいのか？

それには常識のある人間だと思わせるのが有効です。

人と人が親しくなるためには、相手にとって常識のある人間になれるかどうかです。

ただ、常識といっても、人それぞれ常識に対する認識は違います。常識とは、その人の価値観そのものなのです。

価値観という概念は、その人の中に強く根づいている判断の基準であり、何が大切で、何が大切でないか、優先順位の位置づけの元といってもいいでしょう。

若いＯＬが上司に誰でも知っているようなファッション・ブランド（たとえばシャネルやヴィトン）の話をする。でも、上司はそれを知らない。ＯＬはこの上司に対し、「こんなことも知らないの？」と、常識のない人間だと思うのです。

逆に上司は、若いＯＬに現役総理大臣の名前を聞く。でもＯＬは誰が総理なのか知らない。上司は、このＯＬに対し「こんなことも知らないで本当に大丈夫か？」と思い、常識のない人間だと判断します。

この2人は価値観がまったく違うから、お互いをおかしな奴だと思ってしまうのです。正しいとか正しくないとかじゃないんです。

自分と同じものに人間は常識を感じ取り、心を開いていくのです。

何度もいうように、我々がアクセスするのは無意識です。

相手が意識しないところで、「合う」と思わせるのがコツなんです。

そこで**バーバル・チューニング**の登場です。バーバルとは言語のことで、相手が使う言語や単語をフィードバックさせていきます。

これも簡単にいってしまうと、相手が使う言葉をそのままこちらの言葉として利用し、受け応えするだけの方法です。

たとえば、「あなたは無敵ですね」と言われたら、あなたも「はい、私は無敵です」と言えばいいだけで、これを「はい、私は味方ばっかりです」と言ってはバーバル・チューニングにならないわけです。

無意識からしてみると、話を合わせるのと、言語を合わせるのとでは、ぜんぜん違うものになってしまうのです。

もし、バーバル・チューニングにプラスして、テンポや声の強弱まで同調させることができたら、その効果は絶大なものがあります。

ひとつ例をあげると、ある喫茶店に勤める29歳の女性のクライアントが私のところに来たときのことです。

彼女は催眠療法を受けに来ているにもかかわらず、自分のことは一切話そうとはしません。彼女は警戒心の塊です。

こんなとき、守秘義務について詳しく話すのもいいのですが、彼女が質問するときの語尾に特徴があったので、私は声の大きさ、スピード、さらにはバーバル（言語）にチューニングをしました。

「私の悩みは精神的なものだから催眠で治りま・す・よ・ね……？」

このように、フレーズの終わりだけゆっくりと、だんだん小さい声で、なにやら申し訳なさそうに話すのです。

その後も質問するときは、必ず語尾がゆっくり小さくなっていきます。

私は文字通り言語の語尾に対するチューニングを繰り返しました。

すると、面接開始直後は何を聞いても必要最小限の答えしか返ってこなかったのに、私が「勤めている喫茶店は、日曜日は休みじゃないで・す・よ・ね・?」と質問すると、「基本的にはそうなんですが、前もって連絡しておけば、オーナーの奥さんが代わりに入ってくれるんですよ」と、聞いていないことも話してくれるようになる。

その後、OLをしていたときにイジメにあっていた話や、不倫の経験もあることまで、彼女は自ら話してくれたのです。

言葉や話し方は、その人の人生の中で積み重ねられた価値観の表現でもあります。バーバル・チューニングが絶大な力をもつのは当然のことかもしれませんね。

心理誘導には目的に合った信頼が必要

遊び人のような男性を見ると、女性は「なんか女の子たくさん泣かしてそう」と言います。真面目そうな男性を見ると「純粋で誠実そうですね」とホメたりします。

しかし、モテるのは圧倒的に遊び人風の男性です。

とかく男性は「女性の扱いに慣れている」なんて思われるのはマイナスであり、「遊び人と思われたら警戒されてしまう」と考えがちですが、催眠心理の見地からすると、その状況に慣れてると思わせることはマイナスではなく、信頼を生むのです。

真面目で恋愛経験の少なそうな男性と、遊んでそうな男性だと、どちらがモテているか周りを見れば一目瞭然でしょう。

催眠で言えば、初めて催眠をかけるという術者と、経験を積んでそうな術者なら、どちらに身を委ねるかは聞くまでもないことですよね。

人はその状況の中で慣れている人に信頼を抱くのです。

その状況に慣れていない人に自分を任せなければならなくなると、人は不安を抱いてしまいます。

たとえば、すごく優しくて人の良さそうなコックだけど、調理をするときの動作はもたついていて不慣れな感じがする。なんとも不安そうに作業をしているので心配になります。

片や無愛想で、口も利かないようなコックだけど、調理をするときの手際の良さは、見ているものを圧倒する。見るからに手馴れているような感じがします。

さあ、あなたはどちらのコックが作った料理を口にするでしょうか？

多くの人が、無愛想でもきっちり仕事をしているコックのほうを口にするのではないでしょうか？　人付き合いをするなら愛想のいいコックのほうかもしれませんが、こと、料理に関しては無愛想でも慣れているほうを信頼するでしょう。

つまり、恋愛においては中身の濃い恋愛ができるかどうかは別として、女性の扱いに慣れていると思わせてくれる男性がモテてしまうものなのです。

だからといって、「俺はモテるんだよ」などとアピールなんてしてはいけません。そんなことをしたら本気でバカにされるだけです。モテることを主張するのではない。恋愛においての慣れ（信頼度）をアピールするのです。

先ほどのコックの例でも、人はいいけど不安そうなコックが「私が作った料理は絶品だよ」と言っても説得力がないでしょう。それと同じです。

意識が相手じゃないんです。**無意識が身を委ねるためには信頼（ラポール）が必要**なんです。その状況に慣れていると思わせるのは、信頼を築くためのひとつの手段なのです。

読者の中には、「それだとずっと遊び人というレッテルを張られ、相手が本気になってくれないのではないか」と思う人もいるでしょう。

確かに、遊び人に傷つけられた経験のある女性なら過剰に警戒することもあると思います。

でも、本当に遊び人でなければ、付き合っていくうちにそれは証明されるはず。

そのとき彼女の中では、じわじわと強い信頼が生まれつつあるのです。

「最初は遊び人だと思っていたけど、気がついたときには大切な存在になっていた」という話も珍しくありません。

遊び人だと思っていたただの興味から、本当は遊び人でなかったというギャップは深い愛情に拍車をかけます。この**ギャップの見せ方もまたテクニック**なんですよね。

大逆転を起こした要因は何だったのか

先日、ブティックを経営する私の友人の所へ行きました。

たまたま友人の後輩がお客さんで来ていたらしく、恋愛についての相談を受けていたんです。

友人は後輩を随分とバカにしたように、笑いながら私にこんな風に言ってきました。

「林さん、コイツでも使えそうなコミュニケーションのテクニックを教えてあげてくださいよ。

コイツ今、好きな女の子がいるんだけど、何を話題に話していいのかわからないって言うんですよ。まぁ、見てやってくださいよ、このメール……」

そのメールは「今日、愛車を洗っていたら、ドアに傷がついてて泣きそうになったよ……」といった内容でした。

他のメールも「今日、靴を買ったんだ」とか「サッカーの練習で筋肉痛だ〜」などといった内容です。

これでは、私の友人が「もっとマシなメール出せよ」なんて言うのもわかるような気がします。

当人の彼は、ハンサムな上に優しそうで、礼儀正しいナイスガイです。話をしているうちに、とっても人が良さそうだったので、何か役に立つことを教えてあげられたらいいなと思いました。

最初から少しキツイ話になるかもしれませんが、彼の話は、ほとんど相手から「そのあとどうしたの?」とか、「大丈夫?」などと言ってもらいたい、同情を目的とした自分が気持ちよくなろうとする話題です。出会ってすぐに自分の話ばかりする男性が好感をもたれることはまずありません。

理想をいえば**相手の頭の中を一番多く陣取っているものを話題にする**ことです。かといって、質問ばかりしていたら警戒されてしまい相手は何もしゃべらなくなります。

だから最初にすることは、相手の様子を観ることです。相手の反応をよく観察して、頭の中を何が陣取っているか探すのです。

こちらがしゃべってばかりいたら、見つけられるものも見つけられませんよね。

ファッションに興味があるのか？　それともビジネスなのか？　それとも健康？　映画？　小説？……ｅｔｃ.

相手が、どんなジャンルの話をしているときに声がはずんでいるのか。何の話をしているときに目を大きくしているのか。どんなときに体を乗り出し、何をしているときに力が入っているのか？　よく相手を観察することです。

ちなみに**心理誘導は相手を観ることから始まる**のです。

もしも、相手の頭の中があなたのことでいっぱいで、他のことを考える余地がなかったら、あなたは自分の話をしていてもいいし、何も話さなくてもいいです。何もしなくても、ただ横を向いているだけでも、相手はあなたの横顔を見つめているだけで幸せを感じるでしょう。

頭の中を大きく陣取っているものが話題になっているとき、自分が一番興味を持っているものが視界に入っているとき、人はそのコミュニケーションに満足を得るのです。

ある男性が集団見合いのパーティーに参加したときのことです。

席は、男性3人、女性3人といった、ぜんぜん知らないもの同士の6人ずつのグループに分けられたそうです。

そのグループの男性陣には、大手企業に勤める紳士的な男性と、童顔の若い男性、そして無精ひげを生やしたトラック運転手がいました。

この3人はジーパンのよく似合うひとりの女性を気に入ってしまいます。

パーティーが進むなか、やはりこの女性と仲良くなったのは大手企業に勤める紳士的な男性でした。

この2人がカップルになることを誰もが信じて疑わなかったのです。

しかし、パーティーも終了を迎えるころ、トラック運転手の男性は、ジーパンの似合う彼女が男性物の腕時計をしていることに気がつき、話しかけます。

彼女の時計、実は50万円もするカルティエの時計だったのです。

彼女は、前からこの時計が欲しくて、パーティーに参加する数日前にボーナスを全部使って購入した物でした。

彼女がこの話題で喜ばないはずがありません。

結局、最後に彼女から名刺をもらったのはトラック運転手の男性だけだったそうです。

それだけ、頭の中を陣取っているものの話題は心を引きつけるのです。

でも、相手の頭の中を陣取っているものをすぐに探せるとは限りませんよね。

我々でも相手によっては時間がかかってしまうことがあります。

そんなときは、とりあえず自分のことは後回しにして、相手のことを話題にしてください。

特に女性は自分の話をしたがるものですから、**上手にしゃべることを考えるより、聞き役に回ったほうが高感度が上がる可能性は確実に高くなる**のです。

逃げ道を作るとOKがもらいやすい

精神科医でもあり、催眠療法士でもあったミルトン・エリクソンが、催眠のライブを行なったときのことなんですが、最初に選ばれた女性はエリクソンの前に座ったときにはすでに催眠にかかっていたといいます。

大衆が見ている前で、何をしていいのかわからなくなったその女性は、エリクソンに委ねることを選択してしまいます。

人間は誰でも、自分の置かれている状況の中で、自分にとって一番有利なものを選んでしまうのです。

ところで、あなたが意中の女性をデートに誘うとしたら、どんな誘い方をするでしょうか。

ただ単にイエスかノーかの選択を迫られたとき、相手は負担の少ないほうを選んでしまいます。それが無意識です。

だから、女性をデートに誘うときは**ＯＫを出しても負担にならない誘い方をするのがコツ**なのです。

たとえば、「明日ぼくとデートしてもらえませんか」と言うのと「明日ぼくと映画を観に行きませんか」というのとでは相手が返事をするときの負担が違います。

デートに対してのイエスかノーかは、男と女を意識しての返事になる。でも、映画を観に行くだけなら友達関係でも成立します。つまり、**逃げ道を作ってあげる**のです。

食事に誘うときも、「明日ぼくと食事にいきませんか」と言うのと「駅前に新しくできたパスタの店が評判だけど行ってみる」と言うのとでは、相手にかかる負担が違います。それでも、彼女と食事をする現実はどちらも同じです。

さらに、「駅前に新しくできたパスタの店が評判だけど行ってみる」と言うより、「駅前に新しくできたパスタの店が評判なんだって！　俺、カルボナーラ食べたいんだけど、男一人じゃカッコ悪いから一緒に行ってくれない？」と言ったほうが、ＯＫを出すときに相手は楽になります。

「男性に誘われて食事に行った＝あなたに気がある」と思われることに対して、ＯＫが出しにくいのです。

「あなたの彼女になってもいい」と思っている女性なら、食事に誘うと喜んで来てくれるでしょうが、そうでない相手なら、**ＯＫを出しやすくなる大義名分が重要なカギになる**のです。

どうせデートで映画を観に行くのなら「映画」という名目で誘ってもいいのではないでしょうか？　どうせデートで食事をするのなら「食事」といった名目でもいいと思うんです。

相手も「男性と２人で映画を観る」「男性と２人で食事する」といった現実は把握しています。ようは誘い方がうまいかヘタかの違いだけなんです。

相手のために大義名分を作ってやればやるほど負担は少なくなります。負担の少ない誘い方のできる人が誘い方のうまい人なんです。

相手のパターンを見極めたら誘導は簡単

何を言っても否定する人、俗にいうヘソ曲がりな人っていますよね。

美味しそうにうどんを食べているのに、友人が「このうどん美味しいね」と言うと、「いや、俺はもっと美味しいうどん知ってるよ」などと言う。

きっとこういう人は、「今日は機嫌が良さそうですね?」と言うと「いや、機嫌は悪いけど顔に出さないだけだよ」と言い、「今日は機嫌が悪そうですね」と言うと「いや、そうでもないよ。今日は気分が乗らないだけだよ」なんて言うんでしょうね。

とにかく、人が言ったことに対して、「いや」(否定)から入らないと気がすまないかのように、他人の意見に逆らう人がいます。

このような人は、他人の意見に否定から入るコミュニケーション・パターンが確立しているのです。

でも、**相手の中に逆らうパターンができているのなら、こちらは意図した逆のメッセージを送ることで、こちらの思った通りの反応が起こる**ということになります。

これは抵抗のひどい被験者を相手にした催眠のエピソードなんですが、ある催眠術師は「必ずあなたに暗示をかけて見せます」と言って、椅子に座った被験者に折りたたんだ紙を握らせて「あなたは絶対に椅子から立ち上がることができない」と暗示をかけたのです。しかし、被験者は「3・2・1」の合図で勢いよく椅子から立ち上がりました。

それでも催眠術師は誇らしげな顔をして、握らせてあった紙を広げて見るように命じます。するとそこには「あなたは私の暗示で必ず椅子から立ち上がる」と書いてあったそうです。

コメディーのような話ですが、これでも心理誘導の真髄は間違っておらず、術者の意図した結果が出ているわけです。

もし、狙いをつけた彼女が、否定から入るパターンを持っているとしたら、あなたは「俺とご飯食べに行くなんてことはまずないよね？」と言ってみるといい。「そんなことないよ。ご飯ぐらいだったら会社の上司や男友達としょっちゅう行ってるもん」なんて返ってくる可能性は高いはず。

「映画観に行きたいけど、俺と2人じゃ無理でしょう？」と言ってみると、「そんなことないよ。おごってくれるんなら喜んで行くよ」などと返ってくる可能性だって高いわけです。

実際、**心理誘導というのは相手の力に逆らうのではなく、相手の力を利用するもの**です。

だから相手のパターンを速やかに見つけ、そのパターンをうまく利用することが肝心なのです。

イエス・ノーのパターンを作るマインドセット

催眠術をかけるときによく使う手法で**観念運動**を利用した方法があります。観念運動というのは心で思ったことが実際の運動となって現れることを言います。

たとえば、被験者に胸の前で合掌してもらい、術者はその手が開いていくところを想像するように命じます。

そして、「さあ、手が開きます……どんどん開いていきます……もっと開く……もっと早く開きます……」と暗示を繰り返します。実際に手が開いてきたら、被験者は暗示を受け入れやすくなるので、誘導を続けるとそのまま催眠にかかっていきます。

しかし、ただ「開く」と暗示するだけでは成功率が低く、ごく一部の人間しか催眠導入できません。

そこで**条件反射**を活用するのです。

先ほどのような合掌した手が開くという方法なら、被験者の手を外側から握って、「こんな風に開きます」と言いながら被験者の手を持って実際に開いて見せます。開き終わったら元の合掌の状態に戻します。この予行演習によって手が開くための道筋ができたわけです。

でも、一度の予行演習では道筋もまだ狭いので、もう一度「肩の力は抜いていいですよ」と言いながら、被験者の手をゆっくり開きます。そしてまた元の位置に戻します。

これでもまだ心細いので、さらに「もう少し肘の力も抜きましょう」と言いながら再度、被験者の手をゆっくり開いて、またゆっくり元の位置に戻します。

このあとで「手が開く」という暗示を与えると、ほとんどの人の手が無意識に開いてきます。

被験者の手を持って実際に何度か開いたのが**条件付け**です。この条件付けによって、被験者の中に手が開きやすくなる構えを作るわけです。このでき上がった構えを**条件反射**といいます。

そして、この条件反射は身体だけでなく、心にも適応できるのです。

たとえば、相手が「イエス」と答える問いかけばかりを連続で繰り返すと、相手の中に「イエス」と答える構えができて、「ドライブ行きませんか？」と言うと「はい」といったイエス反応が出やすくなります。

たとえばこんな感じです。

「女の子にとってバッグは必需品だよね？」
「うん、お出かけするときは体の一部かも（笑）」（イエス反応）
「ファッションの一部だから個性がでるよね？」
「ホントそう、バッグ見たらセンスがわかるよ」（イエス反応）
「センスっていったら携帯電話にも個性がでるよね？」
「でる、でる、みんな好みが違うもんね〜」（イエス反応）
「携帯はだいたい好みのものが持てるけど、車はそうはいかないんだよな〜」
「確かに……欲しくても高くて買えなかったりするもんね……」（イエス反応）
「あっ、そういえば最近、遠出してないんだ。明日ドライブ行かない？」
「いいよ、どこ行く？」（もちろんイエス）

このように、**相手の心にイエスという構えを構成する**のです。このテクニックを**イエスセット**といいます。ちなみに同じ原理でノーの反応を形成することもできます。これを**ノーセット**というのですが、やり方は同じで、ノーと答える質問を繰り返し、相手の中にノーの構えが形成できたら、最後だけこちらの意図したことと反対のメッセージを与えればいいわけです。

先ほど何を言っても逆らうパターンができている人に施したのと同じような感じですね。

女性に好感を持たれる話し方を習慣づける

女性相手のコミュニケーションといったら、1に共感、2に共感です。女性は共感されることで喜びを感じ、気分を向上させていきます。「そうだね」「そう思うよ」「その通りだよ」といった受け応えは必ず女性に好感を持たれます。

たとえば彼女がこんな話をしてきたとします。

「ちょっとミスしただけなのに上司の奴、みんなの前で怒るんだよ。信じられないよ！」

そこであなたが「でも会社に迷惑かけたんなら叱られても仕方ないよ。今度から気をつければいいじゃん」などと言ってはダメです。

彼女はアドバイスなど求めていないのです。


「ちょっとミスしただけなのに上司の奴、みんなの前で怒るんだよ。信じられないよ！」

「そうなの？　別にみんなの前で怒らなくてもいいじゃんね！」

「怒られるほうの気持ちを考えたことあるのかなって思っちゃう」

「俺もそう思うよ」

「上手に叱って、上手にホメられる上司に部下はついていくんでしょ⁉」

「まさにその通りだよ！」


こんな風に共感すれば、すぐに彼女の怒りも収まり、あなたに可愛い笑顔を見せてくれるはずです。たとえ女性のほうからアドバイスを求めてきても、アドバイスなどしなくていいから共感してください。

ただ、どうしても相手に意見したいときだってあるでしょう。また、相手のために意見しなければいけないときだってあります。

そんなときでも、まずは共感してください。共感したあとであなたの意見を言うのです。


「昨日、あきことメールしてたらむかついちゃって……」

「なんで？」

「だってあの子ホント調子いいんだよ！」

「どんな風に？」

「あきこが茶髪にするっていうから、私が茶髪はもう流行らないよって言ったら、まだまだ大丈夫だって言うのよ」

「うん、うん」

「いつも私のファッションが好きだからお手本にしたい～とか言ってるんだよ」

「あきこちゃん、言ってることが矛盾してるじゃん！」

「そうなのよ！　やめといたほうがいいって言ったら『茶髪はまだ4年ぐらいブームが続くってえっちゃんが言ってたもん！』とか言うんだよ！」

「それ、バカにしてるよな！」

「そうでしょう！　私のこと『オシャレのカリスマ』とか言ったクセに、口先だけなんだよ！」

「そうだよな！……でもね、そういう子って、あまり悪気はなくて、言ってるときは本当にそう思って言ってるんじゃないの？」

「そうかな？」

「そういう子って、いっぱいいるじゃん……」

「そういえば、あきこはあまり深く考えるタイプじゃないからな……」


これをいきなり「あきこちゃんも悪気はないんだと思うよ」などと言ったら、「なんであきこの味方するの⁉」と怒り出して嫌悪な雰囲気になってしまいます。

だから意見を言わなきゃいけないときでも、必ず一度は共感するんです。このように、一度相手の意見に共感してから意見を述べる方法を我々は**イエスバット法**と言っています。

先ほどの場合だと、「そうだよな！」とか「そうなんだよ！」と共感するところがイエスで、「でもね」と否定する（意見を言い始める）ところがバットになります。

女性とのコミュニケーションでは、意見を言うときでも言わないときでも、まずは共感する。これを習慣づけておくと、必ず女性から好感を持たれるようになります。

第 2 章

恋愛上手になるための大原則

人は完成されたものから興味をなくしていく

先日、私がコンサルタントをしている会社の秘書の方と食事に行きました。

とっても上品で綺麗な方です。

この日はプライベートで食事をしていたので、別にビジネスの話をする必要はなかったのですが、彼女はビジネスに対して意欲的な人で、成功者や成功哲学にとても興味を持っています。

「林さんは、なぜそんなにも活動的で、行動力があるのですか？　私が出会った成功者はみんな死ぬか生きるかの苦悩を経験して、それが転機になって成功の道を歩みだしているのですが、林さんもそのような転機になる出来事はありましたか？……」

この日も彼女はこんな話をしてきたんです。

でも、私は「思い当たる節がないんですが……」と答えました。

どうしてかと言うと、もう少し彼女に興味を持っていてもらいたいからです。

ここでもし私が「はい、私も死ぬか生きるかの苦悩を味わいました。私が成功の道を歩み始めたのはそれがきっかけです」と言ったなら、彼女は私を悟ってしまい、興味をなくしていくでしょう。

私という人間に興味を持ったままでいてもらうには、彼女から見て理解できない部分がなくてはなりません。**彼女の理解という枠の中に完全に入ってしまってはダメ**なんです。

彼女は「成功者はみな苦悩を経験し、転機を迎えている」といった、ひとつの思考枠を持っています。彼女は無意識のうちに、私を**理解という枠にはめ込もうとしている**のです。

私という人間を攻略して早く潜在意識をすっきりさせたいわけです。そのために、彼女は自分の思い込みと一致する答えを期待して私に質問してきたんです。

「この人は、こういう人間なんだ」と悟った瞬間から興味は薄れていくのです。

恋愛はお互いに足りない部分がなくてはダメです。

完成された自分になるのも間違いだし、完成された相手を追い求めるのも間違いです。

恋愛はお互いに足りない部分を成長させる過程を楽しむことが、長つづきさせるためには大切なのです。

「あいつのここが直れば文句ないんだけどな〜」と言っているぐらいがちょうどいいんです。

勝手な思い込みで恋愛チャンスを逃していないか

我々の世界ではアドバイスというものをとても慎重に行ないます。一般的にカウンセリングというのはアドバイスをするものだと思っている人が多いようですが、アドバイスはお互いの立場をわきまえてから行なうものであって、ヘタをすればケンカを売っているのと同じぐらいマイナスの要素を含むときがあります。

アドバイスされるほうは完全に受動的になっていて、「私はアドバイスされるべき立場にいる」といった認識の下ではっきりとした上下関係が成立していないとマイナスになる恐れがあります。

して欲しくもないアドバイスをされると誰でも腹が立ちます。これはアドバイスというものが上の立場からするものであって、漠然とした上下関係の下では「あなたより私のほうが優れている」といった含みを持っているからです。

しかし、もっと慎重に行なわないといけないことがあるんです。それは相手に対する理解です。

急いで相手を理解しようとすると、だいたい失敗します。早く相手を理解しようとするあまり、わからない部分を思い込みでおぎなってしまうのです。相手を理解しようとする姿勢はもちろんいいのですが、悟ってしまうのは良くありません。慌てる必要なんてないんです。**相手が長年積み上げてきた人生という歴史を、たった数分で悟れるわけがない**ですからね。

そういえば、知り合いのセミナーにゲストとして参加したとき、私はとても嫌な思いをしたことがあります。

これは、セミナーが終わって、懇親会が始まるまでの待合室でのエピソードです。

40歳前後の温厚な感じの男性が「私は懇親会には参加しないんですが、林さんと少しお話がしたいんです」と言って話しかけてきました。

私から見た彼の印象は、メガネを掛けていて、低い声で話すやさしそうな人、そして知的そうで学校の先生でもしているのかな？　と思わせるような人でした。

彼と話し始めて10分ほどたったころだと思います。

突然、彼はタメ息をついて、「林さんは、私を敬遠しているみたいですね?」と言うのです。

このときは本当にびっくりして「どうしたんですか？　なんか変なこと言いました？」と私が聞き返すと、彼は「私が話しかけてから、ずっと足を組んだままですよね？　それは私を歓迎していない証拠ですよ。私も心理学は長く勉強しているので……ボディーランゲージでわかるんです。足を組んでいる人は、その相手に心を開いていない証拠です……私のほうは大丈夫ですから気にしないでください」と言って帰って行ったんです。

私は謝っていいのか、弁解していいのかわからず、結局そのままで終わってしまいました。でも、彼を敬遠なんてしていませんし、私が足を組むのには他に理由があるんです。

23歳のとき、私は仕事中に怪我をして腰を手術しているんです。別に重いものも持てますし、スポーツだって普通にできるのですが、長い間同じ姿勢で座っているのが苦手なんです。だから座る時間が長いときは、どうしても足を組んでしまいます。相手が彼だけじゃなくて、誰が相手でもセミナーで長く座っていたので足を組んでいたと思います。私が敬遠していたなんて、彼の勝手な思い込みです。

実は恋愛においても、このような思い込みはよくあるんです。

世にはびこる「人は自分が持っていないものを求める」といった根拠のないいわれによって損をしている人はたくさんいます。

「あの子は小柄だから、背の高い男性が好きに決まってる。俺のような身長が低い男には興味がないだろう」

「彼女は無口だから、性格の明るい男が好きに決まってる。ぼくのようなおとなしい男には興味なんかないはずだ」

こんな勝手な思い込みをして、もしかしたらいい恋愛ができるかもしれないのに、何もしないで**自分で自分を振っている人がたくさんいる**のです。

周りをよく見てください。背が低い女の子の彼氏は必ず背が高いでしょうか？　無口な女の子の彼氏は必ずおしゃべりでしょうか？

人が求めるものは、決して自分にないものだけではありません。

人は自分の価値観に沿ったものを求めるのです。

どんなに美人でも、綺麗な顔に価値を持っていたら、やはり美形を求めます。太っている女性でも、やせている人に価値を持っていないのなら、やはり太っている男性を求めます。

人は、自分が持っていないものに価値を持つ傾向があるというだけで、必ずしも自分にないものを求めるとは限らないのです。

採算が取れなくなった恋愛はバランスを失う

恋愛が始まると、人の心は尽くすことと尽くされることにおいてバランスをとろうとします。たとえば、経済的に余裕はないけれど、男性の身の回りのことをいろいろと世話することが苦にならない女性と、仕事が忙しく、いつも時間に追われているけど、経済的には余裕がある男性が交際をするとうまくいくことがよくありますよね。

これは尽くすことと尽くされることのバランスがうまくとれるからです。

片方だけが尽くしすぎて、バランスがとれなくなると、だいたい次のうちのどちらかの反応が起こります。

２人は離れていくか、尽くしすぎたほうが依存するかのどちらかです。

離れていくのはわかるとしても、尽くしすぎたほうが依存するのは少し矛盾しているような気がしますよね。しかし、これも潜在意識が引き起こす興味深い現象であり、これを**認知的不**

協和現象といいます。

認知的不協和については、アメリカの心理学者レオン・フェスティンガーが行なった面白い実験があります。

まず、AとBのグループを作り、Aのグループには安い給料で辛い仕事をさせて、Bのグループには楽で給料の良い仕事をさせました。普通なら、どう考えてもAのグループは納得がいかないはず。

しかし、Aのグループに「どうしてこの仕事を続けるのか?」と尋ねると、「面白いから」とか「楽しいから」といった、自分の仕事を肯定する理由が返ってきたそうです。

自分の中で採算が取れなくなったAのグループは、矛盾した部分を埋めるために、合理的な理由をこじつけて、自分の行為を正当化してしまうのです。

これと同じことが恋愛でも起こります。

あまりにも片方が尽くしすぎた場合、心の中で採算が取れなくなり、心はバランスを失います。でも相手は尽くした分を返してはくれない。このアンバランスに対して潜在意識は、「俺はあいつがこんなに好きだから尽くしているのだ」といった思い込みで心を安定させようとするのです。この思い込みは無意識の中で起こっているので、本人は意識することなく強い暗示となって依存が始まります。

ただ相手を依存するほど好きになるだけなら、これもまた幸せと堪能していればいいのですが、幸か不幸か相手の中でもアンバランス現象が起きてしまうのです。

「俺はこんなにもあいつが好きなんだ。だから尽くすんだ」といった潜在的な心理作用は、不協和状態になった心を協和状態に戻すための合理化でした。

恋愛にはバランスがあるので、相手の中でも合理化が起こります。

採算の取れなくなった不協和の部分を、「こんなに尽くされるのは私があの人を好きじゃないからだ」といった無意識の思い込みで心のバランスをとろうとしてしまうのです。

お互いの恋愛感情が盛り上がる場合はいいのですが、片方だけの場合は間違いなくバランスを崩します。**依存は自分のためだけでなく恋愛そのものをダメにしてしまう**のです。

いくら尽くすことが好きな人でも、バランスを崩さないように気をつけておいてください。

相手の価値観を無視すると悲惨な結果が待っている

金の切れ目が縁の切れ目と言うように、お金は恋愛関係だけでなく人間関係すべてに対して重要なものですよね。

自分が価値を置いているものにはいくらでもお金を使うけれど、価値がないものにはお金を使いたくないというのが人間の常です。

パチンコの台を前にして、湯水のごとくお金を使う人が、１００円のコーヒーを我慢したりします。洋服にはお金に糸目をつけないというＯＬが、帰宅したらボロボロのアパートだったりします。

人それぞれお金に対する価値観が違うということです。

これは、ある女性が年下の男性をフッたときの話なんですが、彼女はメール交換を主にパソコンで行なう人でした。それというのも、ネット代は月決めで払っているので、いくらメールをしても払う料金は同じだからメールはパソコンでやりたいのです。

もちろん彼女も携帯電話は持っていて、携帯でもメールはできる状態でした。ただ、彼女の携帯は電話会社との契約でメールをすると一回のメールにつき料金がいくらかかかってしまうようになっていたのです。でも、１円や２円のお金を節約していると思われるのが恥ずかしくて、彼には「私、携帯のメールが苦手なの、メールはパソコンにちょうだい」と何度も言っていたのです。

一方、彼のほうは、メールをするのにいちいちパソコンを立ち上げるのも面倒くさく、すぐに返事がもらいたい気持ちもあって、彼女のお願いを無視して携帯電話にメールを送っていました。

しかし、彼女のほうは「パソコンにメールくれたら料金がかからないのに……」と常々思っていたんです。彼からメールが送信されて来るたびにイライラしていた彼女は、とうとう彼をフッてしまったというわけです。

相手の価値観をおざなりにしてはいけません。たとえ1円や2円のことであっても、価値を持っていないお金は1円も払いたくないのが人間です。無理やり使わせるような人は、嫌いになるどころか、憎まれることだってあります。お金に関する価値観のズレは、残酷なほど人間関係を壊してしまうのです。

要求された情報以上に返しすぎないこと

先日、コーヒーショップで時間をつぶしていたら、隣の席にいた男女の会話が耳に入ってきました。

「韓流ドラマも観るんですか？」

「いや、姉が会社の人からＤＶＤを借りて来たんですけど、姉は機械の操作が苦手なので、日本語で観る方法がわからなかったみたいで僕に頼んできたんですよ。そのときたまたま観ていたら面白そうだったので、『悲しき恋歌』ってやつだけは観たことがあるんです……」

この会話は、催眠コミュニケーションといった立場からみると、情報を返しすぎです。テンポもリズムも台無しになるうえに、「よくしゃべる人だな〜」と思われてしまいます。

人にはそれぞれ処理できる情報の容量があります。そして、人と会話をするときは、自分が要求した情報を処理するための容量を用意して待ちます。

ひとつのことを聞いて、ひとつの情報が返ってくるものだと思って構えているところに、たくさんの情報が一度に返ってきてしまうと容量オーバーしてしまうのです。

だから、そんなにしゃべっていなくても「よくしゃべる人だな〜」とか「一緒にいて疲れる」などと否定的にしか思われないのです。

先の例では、「普段は、こんな恋愛ドラマなんて観ないけど……」「僕の姉は機械オンチ……」「僕は機械に詳しい……」「姉は僕に頼る……」「観たのは『悲しき恋歌』……」といったように、少なくてもこれだけの情報を返しています。そのうえ、内容が自分の話題なので、相手はつまらなく感じることが多いでしょう。

「韓流ドラマも観るんですか？」

「はい、『悲しき恋歌』は観たことあります」

「どうでした？」

「面白かったですよ。純愛っていいですよね～」

情報はこの程度に返して、会話のテンポやリズムを大事にしたほうが好感をもたれます。

ちなみに、セミナーや受講会では、講義を受ける側にたくさんの情報を処理するための構えができているので問題はありませんが、**対等な人間関係が元になる恋愛においては、情報の返しすぎは甲乙を分けてしまう**のです。

頭に入れておきたいメラビアンの法則

また、返す情報が少なすぎるのも相手をイライラさせてしまいます。


「あなたの彼氏ってどんな感じ？」

「やさしい」

「見た目はどうなのよ？」

「まーまーかな」

「もっと具体的に、誰に似てるとか……」


女性同士でも、こんな風に片方がイライラしている会話を聞いたことがあるでしょう。

できる限り相手が要求している情報だけを返すのがうまくコミュニケーションをとるコツなのですが、淡々とした返しにならないように気をつけないといけません。

そっけない顔であまり淡々と返事を返してしまうと、相手に「私のことが嫌いなんだ」と思わせてしまいます。

ここに心理学ではとても有名な〝メラビアンの法則〟というのがあります。これは、アメリカの心理学者アルバート・メラビアンが会話の際のアプローチは何が相手に影響しているのかをパーセンテージで示したものです。

＊話の内容が7％
＊声や語調が38％
＊表情や仕草が55％

つまり、今までたくさん情報を返していた人は、あまり返しすぎないように気をつけると同時に、情報を減らす分だけ、相手に無愛想な印象を与えないようにしないといけません。顔の表情や声のトーンで補うように心がけて欲しいのです。

話の内容より、声のトーンで優しさを表現したほうが、優しい人だと思われます。優しい言葉をたくさん使うより、物を大切に扱ったほうが好印象を与えることができます。

選んだつもりが選ばされている究極の心理誘導

「私が催眠を解いた後、あなたに催眠にかかっていたかどうか尋ねます。でもあなたはかかっていなかったと答えるのです」

こう暗示をかけて催眠を解いたのは、かの有名なミルトン・エリクソンです。

被験者が目を覚ました後に「私は催眠にかかっていませんでした」と答えたらエリクソンの後催眠暗示に反応したことになるので催眠にかかっていたことになります。

このエリクソンの暗示に抵抗しようとするなら、方法はひとつしかありません。「私は催眠にかかっていました」と答えるしかないのです。

どちらを答えてもエリクソンの意図した通り、催眠にかかっていたことを認めることになる。これを**ダブル・バインド**といいます。

人は意識的にしろ無意識的にしろ自分にとってもっとも良いものを選ぼうとするのですが、

一時的に選択肢の枠を狭くしてもその性質は同じで、与えられた選択肢の中からとっさにベターなものを選択しようと迷いを起こすのです。

ダミーの迷いに集中している間、本命の迷いは自然と無意識に入り込んでいきます。

自己暗示の第一人者であるエミール・クーエは、「人は2つのことで同時に迷うことができない」と言っています。

「映画が終わったら少し休もうよ。可愛い部屋と大人っぽい部屋だとどっちがいい？」

このように、2つの選択肢の中から選ぶように話をもっていくのです。可愛い部屋か、大人っぽい部屋のどちらかを選ぼうとしている間は、すでに部屋へ行くことが前提になって無意識に定着していくといった利点があります。

「部屋へ行く」といった本命の迷いを「可愛い部屋か大人っぽい部屋か」のダミーの迷いでカモフラージュするのです。

ここで、あなたが「映画が終わったら可愛い部屋へ連れてってあげるよ」と言ってしまうと、彼女はホテルへ行くか、行かないかの選択になってしまうわけです。

そのうえ、**ダブル・バインドは、表向きが二択になっているとはいえ、どちらかを選んだ時点で、自ら決定したことになる**ので意思の強さが違ってきます。ホテルへ行くまでの間に気が変わるという可能性は低くなるわけです。

また、彼女になってくれるかどうかの微妙な相手だったら会話の駆け引きも頻繁に生じますよね。そんなときの一例をあげてみましょう。この通りに言わないで、相手の心の動きをよく観察して、相手とあなたとのラポールの密度に合わせて工夫してみてください。

「君がぼくのことを好きかどうかなんて、考えても考えなくてもいいことだよ」

こんな風に言われると、相手の中では何が起こるでしょうか？

好きかどうかという迷いと、考えようか考えないようにしようかという2つの迷いが生じます。ひとつのことで迷っている間は、もうひとつのほうを受け入れてしまっているので、あなたに少しでも興味を持った女性なら、このダブル・バインドは心をグッと引きつけることになります。

潜在意識は肯定文と否定文がある場合、否定のほうを受け入れるのが苦手です。だから、「君は考えても考えなくてもいいことだよ」と言われた時点で考えてしまいます。その題材になっているのは「ぼくが君のことを好きかどうか」ということですよね。では相手が自分のことを好きなのかどうかを考えるなんて、どんな人がすることでしょうか？

そう、その相手に好意がある人のすることです。そして潜在意識は「この人が好きだから、私のことが好きかどうかを心配してるんだ」と解釈してしまうのです。

もし、相手が「どうしてそんなこと聞くの？」と言ったら「ぼくは押しつけの恋愛はしたくないからね……」と言えば最初に述べたダブル・バインドが肯定されて、なおかつ告白になりますから、ダブル・バインドの働きと合わせてＯＫがもらいやすくなるのです。

ダブル・バインドを考案したのはグレゴリー・ベイトソンですが、ダブル・バインドには先ほどエリクソンが使った典型的なわかりやすい使い方から、巧妙に仕組んでわかりにくくする使い方まで、使う者のセンスによって大きく変わります。

たとえば、彼女が家に来て料理を作ってくれたとします。そこで彼女が「うまい？　それとも美味しい？」と聞いてきたら、「どっちも同じじゃない！」となりますよね。こういった相手にわかってしまうような簡単なものから、ダブル・バインドを知っていてもかかってしまうような巧妙なものまであります。

ただし、どんなに巧妙に仕組まれたダブル・バインドでも、こちらのテリトリーの中にいることが最低条件です。こちらのテリトリーとは、すなわちラポールで繋がれた中にいるということです。ラポールの質と密度によってダブル・バインドの構成も変わるわけです。

はなから嫌われている相手だったり、話も聞いてもらえないような相手には何をしても効果などありません。たまたま電車の隣の席に座った女性が綺麗だからといって、「電車から降りて話をするのと、このまま電車の中で話をするのとどっちがいい」なんて言っても話など聞いてもらえるわけがない。

でも、ある程度いい雰囲気になっている相手であなたとホテルへ行くことを迷っているような相手だったら、ダブル・バインドは見事にあなたの期待に応えてくれるでしょう。

ダブル・バインドのかけ方は、迷う部分を2ヶ所（ときにはそれ以上）作ること。そして、本命の迷いがダミーの迷いに隠されるように構成することです。

ダブル・バインドの理論がわかったら、相手の性質とあなたとの親交の密度に合わせて、うまいダブル・バインドをかけてみてください。最初はうまくいかないことがあっても、練習していれば必ず上手に使えるようになります。実践しなければいつまでたっても上達しませんからね。

別れた2人が復活したタッチング効果とは

ある日、セッションの終了を間近に控えた男性のクライアントから、こんな相談を受けました。

「今から元カノ（前に付き合っていた彼女）に会うんですけど、脈があればもう一度復活したいと思っています。元カノの気持ちを聞きだす良い方法ってないですか？」

「そうですね、タッチングで相手の顔の表情を観察するのはどうですか？」

「タッチング？」

「はい、相手の体に触るんです」

「具体的に、どんなテクニックなんですか？」

「テクニックというほどのものでもありませんが、嫌な人に触られたら嫌な顔をするだろうし、嫌な顔をしなければ、脈はあるってことじゃないんですか？　**女性はタッチングに対してとて**

も正直ですから（笑）」

「観察力がものをいいますね（笑）」

「ただし、触りすぎには気をつけてください。ベタベタ触るのも良くないし、触りっぱなしも良くありません。触りすぎるよりは、触り方が足りないほうがはるかにマシです」

「では、一瞬触るような感じですか？」

「加減がわからなければ、それでいいと思います……」


このあと男性は、新宿のあるカフェで1ヶ月前に別れた彼女と会ってお茶を飲みました。

2人はカウンターで隣同士に腰掛けたそうです。

彼女は就職についての相談をしたかったらしいのですが、彼女が落ち込んだ話をするたびに、彼はチャンスだと思い、肩をチョンとたたいて励ましの言葉を掛けたそうです。

彼は、「最初は久々だったので、お互い緊張してたんですが、そのうち彼女のほうが顔を近づけてしゃべってきたりすることもありました。ぼくは脈アリだと思うんですが……」と言っていたんです。

それが、この数時間後、元カノから思いもよらぬメールが届いたのです。

「今日は元気をくれてありがと。なんだか長い間、会っていない人と会ったようだったよ。これからも、ときどき会えたらいいな～」

このメールをきっかけに2人はまた交際を始めます。

彼は「あの再会のときに何かが変わったような気がします」と言っていましたが、私は彼の絶妙なタッチングが功を奏したのではないかと思うんです。

もちろん、2人が復活した要因がタッチングだったか否かを明らかにするのは難しいことです。

でも、タッチングに関しては、心理学者M・L・ナップの次のような実験データがあります。実験者が電話ボックスに入り、次の人が来ると、わざと10セント硬貨を置き忘れて、離れ際の態度で10セントが返ってくるパーセンテージを調べたものです。

＊何のコンタクトもなく、接触もしないですれ違った場合――63％

＊離れ際に目が合った場合――72％
＊目を見て微笑みかけた場合――86％
＊目を見て微笑みかけて、さりげなく腕に触れた場合――96％

何の接触もなかった場合の63％と、腕に触れた場合の96％では驚異の差です。

男性なら、会話をしながらテンポよく体にタッチしてくる女の子に好意を抱いてしまうといった経験はないでしょうか？　私の周りの男性は、たいていの人が「体に触ってくる女の子には、どうしても好意を抱いてしまう」といいます。それだけ**コミュニケーションにおいてタッチングは驚異的なパワーを持っている**のです。

第3章

恋愛を支配する恐るべきイメージ・ボックス

相手の中に居る自分のイメージを最大限に使う

人間関係を築くうえで、人は相手の中に〝イメージ・ボックス〟を設置します。

「あの子はぼくのことを真面目で繊細な男性だと思っている」
「彼女は俺のことをクールだけど、優しいところもある男だと思っている」

このように、「Aさんの私に対するイメージはこうだ」「Bさんが抱いている私のイメージはこんな風だ」「Cさんの中にはこんな私がいる」などと、相手が本当にそう思っているかどうか確かではないけれど、「あの人は私をこう思ってる」と勝手に思い込んでしまう性質を誰もが持っているのです。

このように、**相手の中に自分のイメージを勝手に入れている部分を箱にたとえてイメージ・ボックスといいます。**

あまりカッコいいとはいえない男の子に可愛い彼女がいたりします。彼女は彼が好きで好きでたまらない。そして彼女はこう言います。

「私のことを一番わかってくれているのは彼です」

実はこれも、彼女自身が彼の中に作り出しているイメージ・ボックスのせいです。

そして、このイメージ・ボックスは恋愛において、とても重要な存在になるのです。

もう一歩踏み込んだ観察力で彼女はあなたのもの

アメリカ人と日本人のハーフで、子供の頃から日本に住んでいる21歳の女性がいました。

彼女は「日本の男性は、女を外見で判断する」と言って激怒しています。

どうして、日本の男性が外見で判断すると言ったのかを具体的に聞いてみました。

「私は、外見は遊び人風に見えるけど、浮気はしないし、彼氏ができたら尽くします。私のことをよく知っている人は、外見と違って、内心はしっかりしてるって言います。でも、日本の男性は髪形や服装で、私を遊び人だと決めつけるんです……」

そのときの彼女は、肩まで伸びている髪を金髪に染めて、胸の大きく開いたワンピースを着ていました。

外見は自らの主張です。ルックスからすると、遊んでいる風に見られても仕方ありません。しかし、彼女は遊び人に見られることに不満を持っているようです。

話をすると確かにしっかりとした話し口調で、とても21歳とは思えません。

ところが、「君は信念を持った、しっかりした女性ですね」と言っても、彼女は満足しないでしょう。

なぜなら、彼女が異性に与えたいのは〝外見は遊び人に見えるけど、内心はしっかりしている女の子〟といったイメージだからです。

遊び人風の女の子でもダメですし、内心がしっかりした女の子だけでもダメなんです。

つまり、**相手がどんなイメージをこちらに与えようとしているのかよく観察することが大切**

になってくるのです。

前にも言いましたが、我々は思い込みを極力避けます。相手の人間性を早く悟る必要はありません。簡単に人間性をひとまとめにできるような人間などいませんからね。

「あなたはこんな性格でしょう」「君はこういう人間なんだね」なんて急いで理解したように言う必要はないんです。

とにかく焦らず、相手がこちらに与えようとしているイメージを間違えないように気をつけることです。

彼女をホメることの本当の意味とは

恋愛上手になるためにはイメージ・ボックスをうまく利用するといいです。

たとえば、人は「オシャレですね」と言われたら、次にその人と会うときはもっとオシャレな自分を見てもらおうとします。

これは相手をホメて、ただ喜ばせるのとは少し違っていて、**私の中には、こんな肯定的なあ**

なたのイメージがありますよ、とアピールすることが重要なんです。

人は、相手の中に肯定的な自分のイメージができていることを知ると、それをもっと育てたくなります。これがイメージ・ボックスの特徴です。

たとえば、子供の頃から帽子の着こなしには自信を持っている女性に「どんな帽子をかぶっても似合いますね！」と言ったとします。この女性はあなたに色んな帽子をかぶっているところを見て欲しくなります。ひいては、新しい帽子を購入するたびにあなたに見せに来るかもしれません。相手は自分の得意なものなので、いくらでもあなたのイメージ・ボックスに肯定的な自分を投げ込んでくるでしょう。

また、自分では思ってもいないようなところを肯定されたときでも、イメージ・ボックスが働き出すことは少なくないものです。

たとえば、自分の声の魅力などまったく意識していなかった女性に「色っぽい声してますね」と言ったとします。この肯定の仕方を相手がイヤミと取らなければ、イメージ・ボックスは活動を始め、新たな自分の長所に気づかせてくれた相手を大切にします。

まあ、相手を大切にするというよりは、相手の中の自分のイメージを大切にしているのですが、結局、**人は他人の中のイメージによって自分のアイデンティティ（自分らしさ）を作って**

いくのです。

それだけ、イメージ・ボックスは人と関わるためのモチベーションとして大事なものなんです。特に恋愛においては何よりも重要です。

だから、見られたくない部分ばかりを見て、お説教やダメ出しばかりする人がモテないのは当然のことなのです。

相手の中に「私は性格の悪い人間だと思われてる」などといったイメージ・ボックスができていることを知ると、誰だってモチベーションが下がりますよね。

「仲の良いカップルほどあぶない」には根拠がある

男女の破局のときにもイメージ・ボックスはその力をゆるめません。

たとえば、あなたが好きで好きでたまらなかった理想的な彼女と、人もうらやむような交際をしていたとします。

そこでもし、あなたが浮気をして彼女にバレたとしましょう。彼女は「もう別れる」と言いだし、あなたがいくら謝っても許してくれる可能性は低いでしょう。でも、彼女のほうがとても寛大な心の持ち主で、「男に浮気はつきもの」と割り切っている人だったら、もしかしたら許してもらえるかもしれません。

しかし、浮気をしたのが彼女のほうだったとします。これはもう致命的です。

彼女は、相手が自分のことを彼女として高く評価していると思っています。

彼のイメージ・ボックスの中には、汚れていない**「最高の彼女」**としての自分がいることをよくわかっているのです。そして、最高の彼女としてのイメージを自ら積み上げてきたのは彼女自身です。そのイメージが汚れてしまって洗い流すことは不可能です。そうなると、彼女がとる行動はひとつだけになります。

そう、新たなパートナーのイメージ・ボックスに、綺麗な自分を作り上げていくことです。

まったく汚さないように、大事に大事にしてきたものが汚れてしまったときの反動は大きいのです。

昔から「仲の良いカップルほどあぶない」と言われるのも、イメージ・ボックスの働きからすれば根拠のあることなんですね。

八方美人は恋愛ベタ

女性のクライアントで、「いつも半年で恋愛が終わる」という人がいました。「フラれちゃうんですか？」と聞くと、「いいえ、私のほうが覚めてしまうんです」と言う。

これもイメージ・ボックスが影響していると思われます。

こういった例は、背伸びをして、等身大の自分よりはるかに良いイメージを相手に与えてしまう人に多いようです。いわゆる八方美人といわれる人ですね。

誰しも自分を良く見せようとするのは当たり前ですが、背伸びをしすぎると、今まで一生懸命作り上げた自分（イメージ・ボックス）を壊さないように頑張らないといけなくなります。**やがて力が尽きてしんどくなり、そのしんどさを相手に対して熱が冷めたと思い始めてしまうのです。こういった自分の心が原因で覚めてしまう人が少なくない**のです。

このような人は、だいたいしんどくなってくる周期が決まっていて、半年だったり、1年だったりと、いつも同じような期間で気持ちが覚めてしまうのです。実際には自分が疲れてくる周期なんですけどね……。

また、相手のイメージ・ボックスの中にできた自分が完璧すぎて、大切にしすぎてしまい、自分のイメージが汚れる前に幕を閉じてしまう人も少なからずいるのです。

悪い言い方をすると、ボロが出る前に去ろうとするわけです。悲しいけど、**相手の気持ちより、自分のイメージ・ボックスを綺麗なまま保存しておこうとする**のです。こういった人たちにとっては、恋愛は疲れるもので、パートナーは欲しいけど、長続きさせることができないものなのです。

トラバックスを引き起こすイメージ・ボックス

第2章では、尽くせば尽くすほど相手を好きになってしまう認知的不協和という心理現象を説明しました。

ただ、相手に尽くすことで好きになってしまう現象は認知的不協和だけではありません。この章のテーマであるイメージ・ボックスも、そういったトラバックス（心理的矛盾）に一役買うことがあるんです。

たとえば、あなたの体調が悪くて寝込んでいたとしますよね。

そこへ女友達が看病に来てくれたとします。

あなたが看病してくれた女友達を好きになるといったことは別に自然なことですが、あなたより相手が強い好意を抱く場合がある。これをナイチンゲール現象と言ったりします。

最初は友達に対する気持ちで看病に行ったとしても、一生懸命看病して、あなたが感謝の表情を浮かべているところなんかを見てしまったら、彼女は今度からあなたをもっと大切にします。

彼女はあなたの心の中にできた自分のイメージがとても肯定的なものだと感じ取り、そのイメージを大切に育てようとするのです。

この性質を利用すると、彼女を思った方向に誘導することもできますよね。

男性に優しい女性だったら、「君、今までの彼氏に、君といると癒されるって言われたことない？」などと言うのも効果的です。

気取った女性だったら、「君は一緒にいて男が気を使わない何かを持ってるよね」と言うのも仲良くなるひとつの手です。

弱々しい女性に頼みごとを聞いてもらったら「君って頼みごとされると断れないタイプなんだね」と言って、この言葉がうまくハマればエッチまで誘導することが可能です。なぜなら、誘いを断るとイメージ・ボックスが汚れてしまうからです。

使うタイミングで効果が何倍にもなる時間差テクニック

子育ての教訓に「ホメれば育つ」というのがあります。イメージ・ボックスの利用は、ただホメるのとは少し違いますが、肯定的なイメージ・ボックスをアピールすることをわかりやすく、簡単な説明に変えるとしたら、やはり、**上手にホメる**ということになるでしょうか？

ホメるといえば、時間差を起こすととても効果的な場合があります。

これはある女教師と教え子の保護者（父親）との話なんですが、女教師のほうは新人で、小学4年生の担任をしていました。自分のプライベートの時間も惜しまず、落ち込みぎみの生徒のケアに時間を割いていたのです。

一方、教え子の父親は離婚をしていて当時は独身でしたが、父子家庭になってしまったことで娘の心境が心配で、ときどき子供のパソコンをのぞいていたそうです。

やはり、娘は家庭問題を担任の先生に相談していました。

父親は担任の先生が親身になってメールを書いていることに感激して、自分は口を出さないほうがいいと思い、知らない振りをしていたのです。

もちろん担任のほうは教え子と2人だけのやり取りであり、自分の頑張りを誰も見てくれているなんて思わずに、ただ誠意で教え子の相談に乗っていたんです。

それがある日、急に父親の転勤が決まり転校することになってしまいます。

父親は親身になって娘の相談に乗ってくれていた担任の先生にひと言お礼が言いたくて、娘のパソコンからメールを出しました。


「いつも断りもなくメールを拝見していました。いけないこととは知りながら離婚後の子供の気持ちが心配でなりませんでした。どうかお許しください……先生は、慣れない仕事で大変なのに、毎日、娘の相談に乗ってくれていましたね、本当に心より感謝いたします。あなたが居なかったら娘はどうなっていたかわかりません。私の都合で娘は転校しますが、どうかこれからも子供の良き相談相手になってやってください……」

女教師は、誰も見ていないところで一生懸命頑張っていたことが、見事に報われた気持ちから感無量になり、涙をこぼしたそうです。

その後、遠距離だけど2人は熱烈な交際に発展したそうです。

担任と娘のメールを初めて見たときに「娘の相談に乗ってくれてるんですね」とメールを出したときのことを考えると、どのくらい効果が違うか感じ取れるでしょう。**これがイメージ・ボックスをバブル化させる、時間差が引き起こす力**です。

いつもかつも相手をホメるときは時間差でホメろとは言いません。逆に毎回そんなホメ方をしていたら効果が薄れていきます。だからときどきでいいんです。

特に使うタイミングがポイントになるでしょう。

たとえば、彼女のほうからデートに誘ってくれたとします。誘ったほうは、そのデートが有意義なものになるか心配なんです。デートが終わった後でも、「今日のデートで彼につまらない思いをさせてないかな……」などと心配になることもしばしばある。こんなときです。デートが終わって帰宅したらメールでも電話でもいいから、「今日、車の助手席で映画のパンフレット見てたでしょう……あのときの迷ってる横顔、キューーときたな〜」とか「今日、待ち合わせの場所で落ち合ったとき、笑って手を振ってくれたでしょう？　あのときの君が今でも俺の目に焼きついてるんだ。ホント可愛かったよ……」こんな風に、ポイントを見極めてうまく使うと、**その場で言った時にはない安心感までもが拍車をかけて、「この人は本当に私を見ていてくれる」などと印象づけることだってできる**んです。

女性の脳は突っ走る傾向にあるので、この人は運命の人だとまで思うこともあるのです。

イメージ・ボックスの性質を知らないとホメて失敗することもある

さらにイメージ・ボックスとホメることについて追求していきましょう。

相手の中にある肯定的な自分のイメージは育てたくなる性質があると言いました。

たとえばですよ。出会い系のサイトなんかで知り合って、もうすでにエッチの交渉ができていたとします。こんな話も今の時代、珍しい話ではないでしょう。

お互いが割り切った関係で納得していますし、共に激しいセックスを望んでいるかもしれません。

そして、2人は待ち合わせの場所でめでたく会えたとしましょう。すると相手の女性が思いのほか可愛かったとします。ここで「可愛いね」なんて言ってはダメです。

イメージ・ボックスの性質からすると、相手は淫らになることをやめてしまうのです。女性の感覚では、可愛い女の子はエグイことなんてしないので、エッチになろうと思っていた気持ちがうせてしまいます。つまり、相手の女性は可愛い自分のイメージを育てることに懸命になってしまうのです。

せっかく相手は割り切った気持ちで来ているのに、もったいないですよね。

ホメ言葉なら何を言ってもいいというわけではないんです。

何度も言うように、**イメージ・ボックスの利用は、ただ単に相手を喜ばせるのとは意味が違います。**

どんな心理テクニックも、状況判断を誤ると逆効果になってしまうというわけです。

イメージ・ボックスがもたらしたある男性の悲劇

あるOLと男子学生とのお話です。

知り合ったきっかけは、男女５人ずつの合コンで、女性陣は企業に勤めるＯＬたち、男性陣は現役の京都大学大学院生たちです。

年上の女性に憧れている学生たちと、高学歴に憧れていた女性たちです。結果的にこの合コンがきっかけで４つのカップルが誕生しました。

しかし、中にはたった１ヶ月で破局を迎えてしまうカップルもいたのです。

女性のほうからの別れ話らしいのですが、理由は「彼が私のことを大切にしてくれないから」と言ったそうです。

さらに深いところまで聞いてみると、「何を相談しても、真剣に考えてくれない。いつも返事だけがすぐに返ってきて、一緒に悩んでくれたことが一度もないんです」と言う。

しかし、彼氏のほうは彼女が好きで、彼女のためならどんな用事もほったらかしにしてでも出かけていくほど大切にしていました。

このすれ違いは一体何なのでしょう。

実は、最初に知り合ったときに彼女が言ったひと言が彼のイメージ・ボックスに影響を与え、彼は彼なりに努力をしていたのです。

そのひと言は「さすがに頭の回転が速いですね〜、何を言ってもすぐに返事が返ってくるところがスゴイ！」――この彼女の言葉が彼を頑張らせてしまったのです。

彼は彼女との受け応えに、よりいっそう素早い返事をするように努力したのです。

でも交際が始まると、彼女のほうはどんな相談事も考える間もなくすぐに返事を返してくるから「私のことを真剣に考えてないんだ」と思うようになってしまったのです。

もしかしたら、彼の中では彼女に対する受け応えは、即答で返さないと嫌われてしまう「俺の魅力は頭の回転の速いところなんだ」と思い込んでいたかもしれません。

見ての通り、出会ったときに「即答するあなたがステキ」と言っておきながら、別れるときには「即答するからキライ」となっている。男性陣からすればいよいよ納得のいかない話でしょうが、**これも女性の特徴のひとつです。いちいち文句を言っても始まりません。**

それに、この悲劇はすべて彼女が悪いわけでもなく、楽をする気持ちがイメージ・ボックスの働きを悲惨な方向に向けてしまったということも覚えておかないといけません。

男性も女性も相手に対して、「こいつは優しくさえしていれば大丈夫」だとか「この人はスゴイ、スゴイって言ってあげてれば大丈夫」などと相手を単純化して楽をしようとする傾向にあります。

さっきの即答の彼にしても、一度の即答で彼女は嫌いになったわけではないはずです。即答して気に入らなかったときは、嫌な顔をするなり、悲しい顔で首をかしげるなど、何かしらの信号は出していたはず。その様子を感じ取れなかったところに問題があるのです。相手を単純化して楽をしようとするから悲劇が生まれるのです。

何に対しても楽をしようとする人は相手を単純化してしまいます。**単純化されていることが相手に伝わったときは、ほぼ間違いなく相手の気持ちはヒートダウンしていきます。**

ここでは即答がマイナスに作用する場合を説明しましたが、即答によく似たもので、さらに悪い受け応えがありますから、付け加えて説明しておきます。

これは頭の良い人がよくやってしまいがちな失敗なんですが、相手が話している途中で何を言おうとしているのかわかってしまい、話が終わる前に受け応えをしてしまうのです。

この場合は、相手は「話も聞いてくれない」となります。

たとえ相手が言おうとしたことが思った通りのことだったとしても、**大切なのは正確な回答を返すことでも素早く返すことでもない**のです。相手は言いたいことを最後まで言ってしまわないとストレスが残るので嫌なのです。

自分の優れた部分をアピールすることより、相手の話を聞いてあげる包容力と、最後まで言わせてあげる気持ちの余裕のほうを大切にしてください。

彼女を忘れられないのは本当に未練なのか？

この方は私のクライアントだった方なんですが、学生時代に付き合っていた彼女のことを今でも引きずっていると言います。

「まだ好きなんですか？」と聞くと「いいえ、そうではないんです」と言い、「では、憎しみですか？」と聞くと「べつに憎んでいるわけでもない」と言います。

こういった場合も、だいたいイメージ・ボックスが原因だったりします。

友人に「新しい彼女をつくれば忘れられるよ」と言われて、数名の女性と交際をしたものの、やはり学生時代の彼女を忘れることはできなかったのです。

彼の場合も、**彼女の中の自分を無くしたくない**んです。彼女と付き合っていた頃の自分のイメージ・ボックスを、まるでアルバムのように大切にしているんですね。

別れた恋人を忘れられず、ずっと苦しんでいる人は少なくありません。でも、その中には、相手に対する思いではなく、相手の中にある過去の自分のイメージを捨てきれない人がたくさんいるのです。

相手に対する思いを断ち切る場合は、新しいパートナーをつくることで解決するケースが多いでしょう。しかし、**イメージ・ボックスが原因である場合は、恋心を他へ移すだけでは解決しない**ものです。

「催眠を使って特定の人を記憶から消して欲しい」という依頼は、ほとんどが失恋によって受けた深い心の傷が原因だったりします。でも、そんなことは催眠を使ってもできません。催眠を使えばひとりやふたりの人物像を消してしまうことなんて簡単にできそうですが、人の心はそんなに単純にはできていないのです。テレビなどで見せる催眠に影響されないでください。

乗り越える方法はふたつにひとつです。

イメージ・ボックスが原因で、彼女を引きずっている場合は、彼女の中にある自分のアルバムを捨ててしまうか、彼女のことを引きずったまま生きていく覚悟をするかのどちらかしかないのです。

第4章

催眠心理
セックスへのいざない

セックスに誘うために必要な前暗示とは

ここで改めて催眠の本質について述べておきましょう。

催眠はその人の中にあるものを引き出す心理技術です。たとえ催眠を使っても、相手の中にないものは出てきません。

たとえば、ある人の中には「催眠にかかっても目が閉じることはない」といった観念があったとします。この人に催眠をかけても、ずっと目は開けたままでいます。

「催眠にかかったら、両手が熱くなる」といった観念を持った人がいたら、催眠にかけるだけで、この人の両手は熱くなります。

この観念を催眠では**予期作用**といいます。

それなら、催眠にかかったらどうなるのか、もともと催眠に関する観念がない人は催眠にかからないのかと言えば、決してそんなことはありません。相手の中に何の観念もない場合は、予期作用を少しずつ相手の中に作っていけばいいのです。

催眠誘導では、このように少しずつ予期作用を作っては引き出し、また作っては引き出すといった作業を進展させて深い催眠へと導いていきます。

そしてこの作業を無駄なくスムーズに進めていくためには、あるセオリーに従った進め方があるのです。

それは『前暗示』『刺激』『追い込み暗示』といった組み合わせをベースにした暗示の与え方です。これは催眠暗示を与えるときの基本でもあります。

たとえば、被験者の額の真ん中を指で少しだけ触れて、次のように進めていきます。

「ここ（額の真ん中）とおヘソに意識を向けてください……私が3つ数えると、額とおヘソがまるで磁石のように引き寄せられていきます……3・2・1・はい！……磁石の強い力で引き寄せられていきます！……頭がどんどん前に倒れていく！……」

催眠術をかけるときには、こんな言い回しをよくします。

「私が3つ数えると、額とおヘソがまるで磁石のように引き寄せられていきます」が『前暗示』、

「3・2・1・はい！」が『刺激』、「磁石の強い力で引き寄せられていきます……頭がどんどん前に倒れていく！……」が『追い込み暗示』です。

「これからこんな風になりますよ」と予期作用を与え、刺激によって引き出し、追い込み暗示によってリアルにしていく。これが催眠誘導の基本になります。

もちろん、セックスもトランス誘導なので予期作用については同じです。

相手の中にエロチックな気持ちがなければ、当然セックスはできませんし、**セックスをしようと思うのなら、エロチックな予期作用を相手の中に作っていかなければならない**のです。

イメージは積み重ねることで強くなる

先ほど説明した予期作用は無意識の領域です。ということは予期作用を作る場合も無意識へアクセスしないと意味がないわけです。そして無意識へアクセスするにはイメージが何よりも効果的です。

催眠をかける場合を例にとると、被験者自身が催眠にかかっているところをイメージさせていきます。ただし、「あなたが催眠にかかっているところをイメージしてください」とやったのでは、あまり効果がありません。これは暗示ではなく明示であり、意識的なイメージになってしまうからです。

相手が無意識にイメージしてこそ、より強く潜在意識に入っていくのです。

たとえば、椅子を2つ用意して、「催眠にかかるとしたら、右の椅子と、左の椅子と、どっちがいいですか？」と聞く。

相手がどっちを答えようと、どんな答えを返してこようと一切関係ありません。こちらが言い放った時点で、相手は自分が催眠にかかっているところを2回もイメージしてしまいます。

そのあとも催眠にかかっているイメージを積み重ねていくように、「椅子に座ってかかるのと、仰向けに寝てかかるのはどっちがいいですか？」などとやっていけば催眠にかかっているイメージがどんどん積み重なって、強い予期作用ができていくのです。

では、セックスに誘う場合はどうすればいいのか？

エッチな話や態度を見せないで相手にエロチックな予期作用を作るのは不可能です。**紳士を気取ったままでエロチックな予期作用を作るのは至難の業**なのです。だからといって、出会って間もない相手にエッチな話ばかりしていたら、下品な人だと思われるのがオチですよね。

そこで役に立つのが**下ネタの冗談**なんです。

私がある企業のコンサルタントをやっているとき、毎週月曜日に顧客管理のための提案を提出することが決まりになっていました。

正直、私は余るほど提案を出していたのですが、提案用紙を受け取る係の女子社員が「林さん、なんでいつもこんなにアイディアが浮かぶんですか？　いつもどんなときに浮かぶんですか？」と言うので、「私は風呂に入ってるときに、吹き出すようにアイディアが出てくるんですよ。メモも取れないし、風呂から上がるまで忘れないようにするのが大変なんです（笑）」と言うと「本当ですか、すごいですね～」と言う。そこで「今度一緒に入ってみますか？（笑）」と言うと、彼女はケラケラと笑ってくれる。冗談だから受け流してくれるのです。

しかしこのとき、彼女の潜在意識には、私と風呂に入っているイメージが浮かんでしまっているのです。風呂に入るのだから、当然お互いが裸ですよね。こんなイメージを積み重ねていけば、**潜在意識はイメージを実現させようとする働きがある**ので、深い関係になれる可能性が出てくるというわけです。

ただ、バカみたいに下ネタばっかり言っていても、芸のない奴だと思われてしまいます。

だから、相手の顔色や状況を判断して適度にイメージを与えるのがコツです。

相手が疲労しているときに冗談ばかり言っていても、うっとうしがられるだけです。

心理誘導なんて、やることはいたって簡単です。重要なのは状況判断のほうです。

女性が嫌いなのは「スケベな男」ではない

相手との交流が進み、下ネタの冗談がさらに進んで、きつい冗談が言えるようになったら、あなたはとても有利になる。

デートの前にきつい下ネタの冗談を言って、相手が「もしやセックスがありうるかも」と万が一にもセックスの可能性を脳裏に描いたとしたら、そこでは別の有力な心理が働くのです。

「俺も男だからね～、今度会うときは覚悟してきてよ（笑）」

こんな冗談が言えたとします。「まあ、冗談だろう……」と思いながらも、女性は万が一のことを考えて身だしなみをするものです。「もしや」という気持ちから、綺麗な下着を着けたり、無駄毛の処理をしたり、万が一に備えて何かの努力をしてしまいます。

人間は誰しも自分のしたことを無駄にしたくないものです。

もし、新しい下着をわざわざ買いに行ったとしたら……もし、無駄毛の処理のためにエステなんかに行ったりしたら……エッチをしないで帰ることのほうが彼女を不愉快にさせてしまうのです。

エッチがしたいのなら相手に「俺はスケベだ!」と主張するべきです。「俺はエッチなんて目的じゃないから……」なんて気取っていたら、誰ともエッチなんてできやしない。

スケベは何もカッコ悪くなんかないし、いやらしくもないんです。むしろ、したいのに、したくないという男のほうが女性からしたらよっぽどいやらしいんです。女性はスケベな男が嫌いなんじゃなくて、いやらしい男が嫌いなんですよね。

心理誘導の命綱「ラポール」

こちらの与えたイメージは、いつでも相手の予期作用となり、どんな相手でもセックスの可能性に結びつくかといえば、必ずしもそうとは言えないんです。

与えたイメージが相手にとって快になるか不快になるかを分ける重要なものがあります。

それが**ラポール**です

ラポールは前にも少し出てきましたが、もともとフランス語の（橋掛け・橋渡し）といったものからきていて、これを心理誘導では心と心の繋がりという意味で使います。

言うまでもなく、少しエッチな冗談を言っただけで相手がカンカンになって怒るようでは話になりません。

まずはラポールをとることが先決です。

催眠をかける場合は、不安の除去や信頼性をアピールして「この人なら心を委ねてもいい」「この催眠術師なら頼れる」といった、かなり深いところまでラポールを形成するのです。そして恋愛においても、まずは不安の除去を行なうことが大切です。

＊カラダを許した途端に捨てられてしまうのではないだろうか？
＊付き合いだして性格が不一致だったときに、素直に別れてくれるだろうか？
＊私は騙されているのではないだろうか？
＊エッチをすることになったら、ちゃんと避妊はしてくれるだろうか？

女性のほうは自分の身体に関わることなので、このような不安を心のどこかに抱えているものです。


では、このような不安はどうやって取り除くのか？

我々がよく使うテクニックに**類推法（るいすいほう）**というのがあります。

わかりやすくいえば、**第三者の話を利用して、こちらの意図した印象を植えつける方法**です。

たとえば、「俺の会社に悪い男がいてさ、一度エッチしたらもう用がないって感じで女を捨てちゃう奴がいるんだよ。最低だよな。そんな奴には必ず罰が返ってくる。そう思わない？」とか「女にフラれて、もう完全に終わってるのに、しつこく電話したりする奴がいるだろ？

そういう性格してるから女にフラれるんだよな。女々しい男にだけはなりたくないよ……」といった具合に第三者の話をするのです。

「俺は遊びで女と付き合ったりしない」とか「ストーカーにはならない」といった面と向かった直球発言はカッコいいんだけれども、これは意識を相手にしたアプローチなので、逆に意識させてしまうだけの場合が多いものです。それよりも類推法をうまく使ったほうが確実に潜在意識に入っていきます。

潜在意識は集中しているものに自分を同化させる

テレビの向こう側でレモンを食べているタレントを見ると、私たちは実際にレモンを食べているわけではないのに唾液を分泌してしまいます。きっと誰でも一度や二度は経験したことがあるのではないでしょうか？

この集中しているものに自分を重ね合わせてしまう潜在意識の性質を**メタファー**といいます。

これは女子中学生を催眠にかけたときの話です。

彼女を見ていると、とてもかかりやすそうな雰囲気だったんです。もちろん、私の勘ですが、きっとどんな方法でかけても簡単にかかりそうな、そんな純粋な感じの女の子でした。

その場の成り行きから、少しインパクトのある方法でかけることになったのですが、周りの人たちは、彼女がかかるのを今か今かと待ちかねています。

そこへ彼女が「催眠にかかりやすい人ってどんな人なんですか？」と聞いてきたので、私は彼女の目の前にあった鉛筆を何本か手にとって、こう言いました。

「普通の人が催眠にかかろうか、かかるまいかと迷う気持ちがこのくらいだとしたら、頑固な人はこのくらいかな？」と言って鉛筆を４本持ちます。

そして、「君のような純粋な子は、ちょうどこのくらいかな？」と言って、４本のうちの３本をテーブルの上に置き、１本だけを手に持って、鉛筆を真っすぐ縦にして、彼女の目の前に突き出しました。

そして、彼女の瞳孔がグーッと拡がるその瞬間を逃さず鉛筆をボキッとへしおったんです。

彼女は少し驚いたように目を大きく広げて私を見るので「どんな感じ？」と聞くと、すぐさま私のほうに倒れてきて恍惚状態に入っていきます。

集中から来るメタファーと、私の「どんな感じ？」といった言葉（暗示）で、意識が内側に

向いた彼女は催眠に入っていったというわけです。

では、このメタファーをセックスへのいざないに応用するにはどうすればいいのか？

助手席に彼女を乗せて車を運転しているときなんかは、性的なメタファーが無意識によく入ります。

たとえば、なにげに腕まくりをして血管の浮き出た腕を見せるのもいいでしょう。女性が性を意識している場合、無意識に勃起した男性のペニスと重ね合わせてしまいます。

特に会話はごく普通の世間話で大丈夫。意識では会話を進めていても、彼女の無意識はあなたのまくり上げた腕にとらわれてしまうのです。

なぜなら、車を運転しているときは、どこよりも腕が活発に動くからです。**人間の無意識は動くものに意識を奪われてしまう**ものです。全体が穏やかな空間のときは特に動くものに意識が向いてしまいます。

たとえば、女性と話をしていて、相手の女性が脚を組みなおしたら、脚を見てしまうでしょう。露骨に脚を見れない場合でも、意識はどうしても脚に取られますよね。これと同じです。

なおかつ**ドライブ中は微妙な振動が座席から性器に伝わり、エロチックなことを考えやすい**ので、よっぽど大きな悩みごとや考えごとをしていない限り、ドライブはセックスへのいざないに功を奏します。

しかし、日常での心理誘導はすべてにおいてさりげなくやることが大切です。用もないのにハンドルをクルクル回しても変な奴だと思われるだけですし、いかにもといった感じで腕をまくっても、「何がしたいのだろう?」と覚めた目で見られてしまいます。

それから、大事なことなのでもうひとつメタファーについて例をあげておきましょう。

男女の間ではプレゼントの受け渡しが当然のごとく行なわれますよね。

そこでプレゼントを受け取ったあなたは、包装紙を丁寧にはがさないといけない。雑に破って捨てたりなんかしたら、女性の中では自分が雑に扱われたような心理作用が起こるのです。包装紙をビリビリに破いて、ガッついたように箱を捨てて早く中身にたどり着こうとする。この行為は相手の無意識に強く印象づけられてしまいます。**彼女はプレゼントに自分を重ね合わせている**からです。包装紙とはいえ、プレゼントは雑な扱いをすると、肝心な部分にしか興味がないといった印象を与えてしまうのです。

彼女が断りにくくなる先手必勝法

心理を誘導していく中で、この先、「こうなったら厄介（やっかい）だな」と予測できることは、前もって先手暗示をしておくことはよくあります。

では、ダイエットを例にとって説明しましょう。

だいたいの人が減量を始めると2キロや3キロはすぐにやせるものです。

でも、これは本当の変化ではなく、自分の枠の中での変動です。本当の変化が出てきたときには、必ずと言っていいほど**ホメオスタシス（現状維持能力）が働き、本来の自分に戻そうとします。**

食事制限などで減らされた栄養分を、潜在意識は急激に求めるようになります。そしてこのとき本当の辛さと向かい合うことになるのです。

ダイエットに挫折する時期は、このときといってもいいでしょう。

この時期に合理化が始まり「なんで私はお腹が空いているのに、ご飯食べないで我慢してるんだろう？　私の人生は何のためにあるんだろう？　私はこんな我慢をするために生きてるんじゃない」と、いささか大げさな自問自答を始めたりします。これは絶食や減量そのものが生命に関することだから大げさな合理化になってしまうのですが、この時期を乗り越えないとダイエットは成功しません。

そこでセラピストは、こんな予測できる場面を乗り越えやすくするために前もって暗示を与えておくのです。

「もしかしたら、あなたはダイエットをしている自分がバカらしく思えるときが来るかもしれません。それは本当の変化の前触れです。それを乗り越えたときに、あなたはダイエットに成功するのです」

もちろん乗り越えるのは志願者ですが、セラピストの暗示はかなりの手助けになります。

そしてこの**先手を打つテクニックは、心理誘導すべてに有効**なものであり、もちろん、彼女をセックスにいざなうときにも使えます。

相手がプライドの高そうな女性だったら、もしプライドが邪魔して素直になれないような女の子だったら、次のような暗示を入れてみてください。

「君だから言うけど、俺、ブスって嫌いなんだ。いや、見た目じゃなくて、ブスほどプライドが高いって言うじゃん。プライドが高い分、恋愛価値が低いんだって。男を好きになる女はバカだなんて言ったり、3ヶ月過ぎるまではエッチしないとかよくわからないこと言ったり、ロマンチックなところが全然ないんだよな……」

こんな感じで先手暗示を打っておくと、彼女は断りにくくなります。

断った時点で自分をブスだと認めてしまうからです。

「私は可愛くないから～」とか「私、ブスだし」なんて口にする子はたくさんいるけど、心の底から自分をブスだと認めたがる子はそうざらにいるもんじゃない。

もし、彼女のほうが「それって、あまり男の人に相手にされない子なんじゃないの？　相手にされないからそうなっちゃうんだよ」などと話を合わせてきたら、もう黙ってホテルへ入っても彼女は断れない。

ただし、この暗示は先手を打つから効果があるのであって、ホテルへ誘って、断られたあとで「ブスほどプライドが高いの知ってる？」なんて言ったら間違いなく彼女は怒って、二度と会ってくれなくなるでしょう。

だから「先手暗示」という言葉が意味する通り、必ずホテルへ行く行かないの話の前に与えておくことです。

セックスへの扉を開く重要なカギ

「そんなに思っていたわけじゃないのに、駐車場でされたキスがとっても上手だったので、もう仕方ないな〜って思ってホテルへ行っちゃいました（笑）」

これは有名な薬品会社に勤める可愛らしいＯＬの言葉です。

多くの女性がキスの上手な相手に覚悟を決めると言います。

また、キスはセックスの前、セックスの最中、そしてセックスの後と、その場面ごとに存在感のある重要なものです。特に**セックスへのいざないとしては有力なアイテム**と言えるでしょう。

さらに、**性交中には色々な場面で相手の気持ちを覚まさないためのトラジション（つなぎ）にもなります。**キスが上手になって損をすることなどひとつもありません。

キスは何よりも練習する価値があるものです。

ひと言でキスといっても挨拶のようなフレンチキスから、相手の心に火をつけるキス、そして身も心も燃え上がるようなキス、もうキスだけで相手をイカせるかのようなディープキスまで色々です。

色々なテクニックをその場面ごとにアレンジして使い分けるといいですね。

いつでもどこでもワンパターンではダメなので、テクニックの幅を広げるためにも、口の中で感じる部分を知っておくと役に立つでしょう。

たとえば、前歯の裏側などが性的に結びつきやすく、舌先を触るか触らないかぐらいで、口の中の天井に這わせるようにすると効果的です。

その他には、舌の裏側にある2本の筋がとても敏感な部分です。相手の舌の下にこちらの舌をもぐらせて、舌先で2本の筋を交互になめ上げると、かなり性的感情が湧き上がってきます。

女性は男性のように一気に火がつくということは少ないので、最初はソフトに口づけのような雰囲気から、徐々にハードにしていくといった、リードを主としたキスはセックスへいざなうもっとも効果的なキスです。

少しでも相手が積極的になってきたら一気にリードです。舌の下にこちらの舌を突っ込んで舌先でグルグルまわすようなキスもいいです。最初から舌を突っ込まずに、少しずつ奥へ入れていくように、唇の外側から内側へ、唇の内側から口内の天井へ、そして舌との絡み合いといったように進めていきましょう。

また、唇を完全に密封させて口の中の熱が逃げないようにする方法もあります。文字通り熱いキスですね。

丁寧なキスを嫌がる女性はいません。

キスを軽視しないで、セックスと同様に前戯も後戯も取り入れるぐらいの気持ちで、ひとつの演出になるようなキスを行なってみてください。

ひとつ頼みごとを聞いた後は断りにくい

キスまでたどり着ければ、断然有利です。それはわかっています。

しかし、そのキスまでたどり着く最後のツメが難しいんですよね。

そこで、有効な心理テクニックを紹介します。

人は、ひとつ頼みごとを聞いてしまうと、それに類する頼みごとは断りにくいのです。

たとえば、会社の同僚に、缶コーヒー代１００円を借りた次の日に、昼食代１０００円を借りても、たいてい断らずに貸してくれます。一度同じような頼みごとを聞いているので、断るにはそうとうのエネルギーを要するからです。

この原理をキスに応用するならば、最初は大したことのない、なにげない頼みごとを積み重ねてキスまでリードしていくようになります。

では、公園のベンチにでも腰掛けているところを想像してください。

「こっち向いて……手を見せて……細長くて綺麗な指だね……触っていい？……」

ここまで言ったら、肩に手を置いて、キスがしやすい体勢まで体を引き寄せ、決めの言葉です。

「目を閉じて……」

相手が目を閉じたらキスがOKということでしょう。

「こっちを向いて」が1回目の頼みごと、「手を見せて」が2回目、「触っていい？」が3回目、「目を閉じて」は4回目の頼みごとであると同時に、「キスするよ」という裏の意味も含んでいます。

ちなみに**キスの場面でセンスがない男性だと思われてしまう行為は、「キスしていい？」と尋ねること**らしいです。

ところで、催眠で目が開かなくなる暗示を入れるときに、ただ「目が開かなくなる！」と暗示するより「目を閉じて」と依頼語で指示をし、その直後に「もう目を開けることはできません」と暗示したほうが確実に成功率は上がります。一度頼みごとを聞いているから２回目が抵抗しにくいのです。

あせりと手抜きがオトコの評価を下げる

「せっかくホテルまで行ったのに、シャワーも浴びないでやろうとするなんて、ホントせっかちなんだから、幻滅しちったよ……」

「ホテルまで行ってて、土壇場になってヤダってさ！……やらせないんなら最初からついてくんなよ……」

こんな男女のすれ違いってあるんですよね……。

男性は「俺のことが好きならやらせるはず。やらせないのは好きじゃないからだ」といった右か左かの考えになってしまいがちなんですが、**女性がセックスに踏み切れない理由は多種多**

様です。

「同僚の彼に誘われてホテルへ行っちゃったんです。ホテルへ行ったらシャワー浴びて、タオル巻いて出てこようって思ってたのに、いきなり押し倒されて抵抗しちゃったんです。だってその日は会社帰りで、ブラとショーツがおそろいじゃなかったから見られたくなかったの……」

「ホテルに誘われたから、てっきり先にシャワーだと思ってるでしょう。そのとき無駄毛の処理すればいいやって思ってたから、まさかあんなにせっかちだと思ってなくて……」

「汚れた下着なんて見られたくないし、シャワーぐらい浴びさせてよって感じ……」

女性だっていつも準備万端というわけではないんですよね。

お尻が垂れていることを気にしている女性は、セックスぎりぎりまでガードルは脱ぎません。「そんな雰囲気になってきたら、トイレに行って脱げばいいや」なんて考えていることもよくあります。相手をよく観察して、ガードルを穿いているようなら脱ぐタイミングを与えてあげるのも大切です。

また、**身体に強いコンプレックスを持っている女性は、相当の覚悟がないとセックスに踏み切れない**でしょう。これは男性にもあることですよね。

この場合も焦らず、相手の心の準備ができるまで待つといった包容力がのちの強い絆をつくります。

キーワードは「焦らずガッつかないリード」です。

私の知り合いに、色白で可愛い顔をした女の子がいます。彼女は顔に似合わず積極的で、自分が良いと思った男性には自ら仕掛けていくほどの行動力を持っています。

彼女が青年実業家と最初のデートをしたときです。

彼女のほうは「今日はお泊りコースでエッチまで行くぞ！」と女性ながら気合を入れていたそうです。「どんな風に誘おうか……」と、彼女なりに彼氏との駆け引きをシュミレーションしていたのです。

そして、デートも終盤になってきたころ、彼女は最初の駆け引きを始めます。

「今日は帰っちゃうんですよね？」

すると、彼氏は「えっ！　エッチしていいの⁉」と彼女のシミュレーションを飛び越えてしまったのです。このままだと彼女のほうが一方的に誘ったことになるので、とっさに彼女は「いえ！　違います！　違います！」と言ってしまったのです。

彼女の中では、2人の駆け引きによって、互いが歩み寄り、どちらが誘ったわけでもなく、お互いの気持ちが一つになってホテルへ行ってしまった、というシチュエーションを理想としていたのです。

ガッついた気持ちと、焦りがすべてを台無しにしてしまったのです。

このように、**男性側の余裕のなさは、セックスを目前にして、できないで終わってしまうこともあれば、セックス自体の質を下げてしまう**こともあります。

心理誘導とは、相手の様子を見ながらリードしていくものです。

また、セックスの最中、女性は恥ずかしさから、微妙な抵抗をしてしまうことが多々あります。時折その抵抗は男のセコさを引き出してしまうことがある。

いつ中断されてしまうかと心配になり、中断される前にやってしまおうという気持ちになってしまうのです。そして手抜きのセックスになってしまう。

「ホテルまで行ったのに相手の気が変わってできなかった」……それでもここは男になって、

笑ってやるぐらいの寛大さを見せてやりましょう。

セックスには成功も失敗もない

心理誘導で大切なのは自信です。しかし、それよりも大切なのは相手を理解しようとする気持ちです。

「俺のセックスで感じさせてやる」といった自信より、欲しいのは常に相手を観察することです。「相手は自分のデータの中にない新しい人」だといった考えです。

これはコミュニケーションにおいてはすべてに対して当てはまることであり、セックスも催眠も例外ではありません。

人の心に関わる仕事をしている我々は、常に学びの心を忘れないようにしています。それは**人の心が一人ひとり違う**からです。

車を走らせるときと同じです。どんな道でも毎日同じ状況ではないでしょう。どこの道を何キロで走り、どこのカーブをどんな風に曲がるかなんて、行ってみないとわかりません。道路状況は常に変わりますよね。

道路を走るためのルールはあってもマニュアルはないんです。その場所に行ってみて、そのときの状況を判断して、ハンドルを切ったり、ブレーキを踏んだり、アクセルを踏んだりするはずです。

恋愛も同じです。**セックスのマニュアルはあっても、パートナーとのセックスのマニュアルはありません。**

過去の人の経験で、未来の人を悟った気持ちになるとコミュニケーションは崩れていきます。先入観を持たずに、いつでもパートナーを理解する姿勢でいてください。パートナーとあなただけの最高のセックスを育てるといった目標をお互いが持つのがベストです。

第5章

性的本能を呼び起こす
セックス in トランス

深いオーガズムが味わえるセックスinトランスとは

男女の間でセックスはとても大切ですよね。セックスを征する者は恋愛を征するといってもいいでしょう。

しかし、セックスに対する日本の考え方はかなり遅れています。今や女性のマスターベーションだって当たり前の時代です。

時代に遅れを取らないためにも、みなさんには催眠理論をセックスに応用していただきたいのです。

催眠のノウハウはセックスにとても役立ちます。なぜなら、催眠もセックスも目指すものが同じ**トランス（変性意識状態）**だからです。

催眠はコミュニケーションを築くアイテムとして最高の技術です。なおかつトランスを誘発するうえで催眠のノウハウに勝るものはありません。

そこで、**深い男女のコミュニケーションであるセックスに催眠理論を応用し、相乗的効果を**

狙ったのがセックスinトランスです。

催眠状態に導くノウハウも、エクスタシー状態に導くノウハウも、トランス誘導のそれとセオリーは同じです。催眠が意識の誘導であるなら、セックスもまた意識の誘導なのです。

いうなれば、セックスinトランスは、催眠をセックスに利用するのではなく、パートナーをトランス状態に導くためにセックスを利用するものです。

もっとわかりやすくいうなら、**催眠術をかけて相手に性的行為をするのではなく、セックスそのものを催眠術のかけ方として利用する**のです。

トランス状態になると内側の感情が表に浮上します。嫌いな者同士がトランス状態になるとケンカを始め、愛し合っている者同士がトランスに入ると抱き合ったりします。トランスは本能を活発にするために必要です。理性をかなぐり捨てたセックスをするためにはトランス導入が不可欠なのです。

理性を静めて感情を表に出さないと、セックスinトランスは成り立ちません。

また、女性はトランスに入った状態でイクと深いオーガズムが味わえます。トランスによって本能が活性化するからです。

催眠のノウハウをセックスに利用するとトランスに入りやすく、深いトランスに入れば入るほど深いオーガズムが味わえる。これが利点であり、この相乗効果に絶大な価値を見出しているのがセックスinトランスなのです。

セックスinトランスの目的と変性意識の種類

催眠術にかかった状態をよくトランス状態といいます。しかし、トランスには色々な種類があり、催眠状態だけをトランスと言うのではありません。

空腹から満腹になったときもトランス状態ですし、暗いところから明るいところへ移動したときもトランス状態になります。

さらに、トランスにはこういった日常的なものから非日常的なものまであります。大きく分けると、不安、緊張、弛緩、集中、混乱、驚愕、などといったものが**日常意識変性状態（日常トランス）**です。

そして、悟り、恐怖、分裂、催眠、エクスタシー、といった状態が**変性意識状態（完全トランス）**になります。

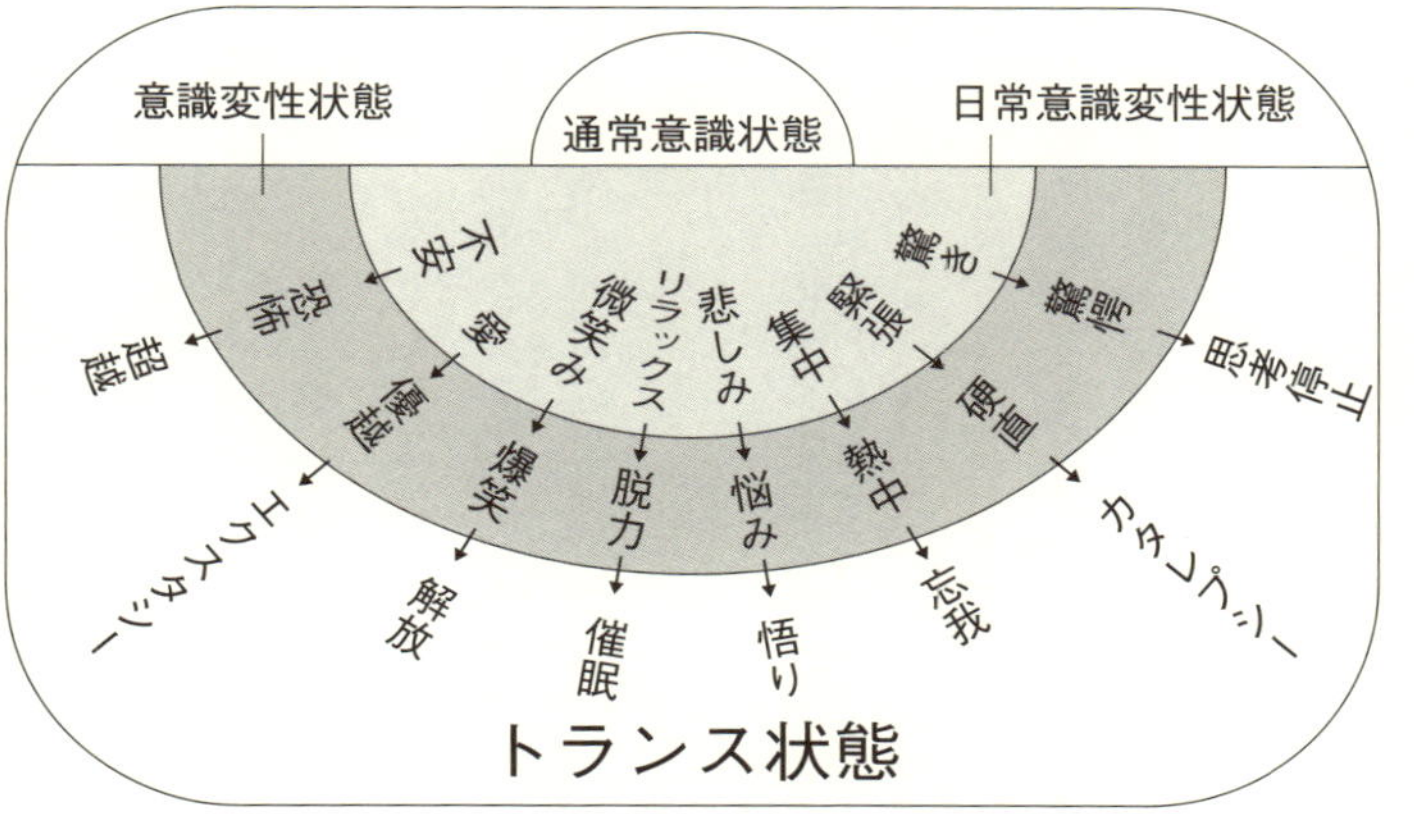

また、**トランスは前提によってどんな形にでも変わります。**

催眠を前提においてトランスに入った場合は催眠トランスと言って、催眠的暗示には容易に反応するようになります。

霊を前提においた場合のトランスは憑依《ひょうい》状態であり、これも霊的な暗示にはなんなりと従います。

そして、セックスを前提においた場合のトランスがエクスタシー状態であり、今回みなさんが目指すのはこのトランスです。

セックスが始まると、男性も女性も多少はトランスに入っています。でも、セックスの最中に「あなたは犬になる」と言ってもそうならないことは容易に理解できるでしょう。

これはトランスの前提が違うからです。

前提によってトランスは変わる。そしてその**トランスに沿った刺激だけが有効になる**ということを覚えておいてください。

最終的に目指すのは深い性的トランス状態、いわゆるオーガズムに相手を導くことです。セックスinトランスは相手の身体を感じさせるのではありません。あくまでも相手の脳を感じさせるのが目的です。

ただのセックスではない。トランス誘導です。このことを忘れないでください。良いオーガズムが味わえるかどうかは、ひとえにトランスの質なのです。

無意識の観察力は想像以上に鋭い

何度も言ってきたように、相手をトランスに導くときにはラポールが必要です。信頼なくして人の意識を誘導することはできないのです。

しかし、信頼性にもいろいろあって、そのトランスに沿った信頼関係が必要であることもすでに述べました。

催眠に導くときは催眠術師としての信頼が必要なように、セックスでトランスに導くときは、セックスをする相手としての信頼が必要です。

そして、そのために**あなたが最初にすることは身だしなみ**です。

女性の無意識は初対面の相手に対し、どこまで受け入れるかを瞬時に判断します。

女性の想像力は本人も気がつかないほどの活発性を持っていて、性交渉ができるまでの相手から身体に触れたくもない相手までのレベルを無意識に付けてしまうのです。最初の印象で生理的に受け入れるかどうかの判断をくだし、その後の条件によって良いほうにも悪いほうにも変化していくのです。

つまり、大切なのは第一印象です。

好印象が崩れ落ちるときは早いものですが、否定的な印象を肯定的にするのは難しいものです。

「否定的な第一印象を肯定的に変えるまでには3年かかる」という学者もいるぐらいです。

セックスinトランスでの身だしなみは、何よりも手や指の手入れが大切です。

これは相手の立場になってみればわかります。他人の爪の汚れた指先をあなたの口の中に入れるところを想像すれば理解できるでしょう。

女性は、口よりもデリケートな体内にその汚れた指を入れられたり触られたりするのです。汚れた手や指を敬遠するのは当然の話です。

女性本人は、相手をセックスの対象に見ていないと意識では思っていますが、無意識の観察力は鋭く、瞬時にレベル付けをしてしまうのです。この観察が無意識ゆえに理屈では通らないのです。

「あの男性、見た目は悪くないけど、なんとなく受けつけないの」といった女性の気持ちは、すでに無意識が受けつけていないのです。

セックスのときに使うパーツの手入れは、言うまでもなく相手に与える影響力が大きいわけです。手の綺麗な男性がモテるのも理に適ったことなんですね。

また、指は綺麗にするだけではなく、膣の中に入ってもまったく痛みを感じないように、爪の引っかかりなどは綺麗に手入れをしておきましょう。

セックスinトランスが目指すもの

あなたがやることはセックスを済ませることではありません。トランス誘導を最後まで成し遂げることです。それには、トランスを覚まさないようにリードを続けることが大切です。

普段のセックスと違い、セックス in トランスではリズムをとても重要視します。リズムが崩れると、トランスも崩れていきます。特に意味のない間を空けるのは厳禁です。

たとえばフレンディーなセックスならインサートの直前に、隣の部屋までコンドームを取りに行ってもそのままセックスは続けられます。恋人同士のセックスでは大した差し支えもないでしょう。

しかし、セックス in トランスの見地からするとこれは重大なあやまちです。**無意味な中断はトランスを壊してしまう**のです。

セックスの最中、コンドームの装着をもたもたしているのも良くありません。コンドームを素早く装着する練習ぐらいはしといたほうがいいかもしれませんね。

それから、いったん挿入したペニスを抜いてしまうのもトランスを覚ます要因になってしまいます。だから、体位を変えるときもペニスが抜けないような努力をしないといけません。

性交の最中にペニスが抜けてしまうと、脳波にも顕著に影響が現れるのです。

普段は『ベータ波』という脳波が流れていても、興奮したときには脳波の波が荒くなり『ガンマ波』というものに変わります。

逆にリラックスしているときには『アルファ波』というゆるやかな波になり、さらにリラックスが深まると『シータ波』という波形になります。

リラックスの延長線上にある催眠状態のときの脳波は、シータ波とアルファ波の間にいると言われていますが、性的トランスの延長線上にある優越状態のときも、実は催眠と同じ脳波が流れているのです。

そして、いったん挿入したペニスが抜けてしまうとシータ波だった脳波がアルファ波、もしくはベータ波まで変わってしまうことが明らかになっています。

一回のセックスで何度も体位を変え、そのつどペニスを抜いたりしていたら、外見上はセックスが続いていても、トランス誘導はすでに終わってしまっているのです。

体位を変えるときは一度深く挿入して、抜けないように努力してください。

また、相手に痛みを与えてしまうのもトランスを壊してしまう要素になります。

セックスのときに嫌われる男性の上位を占めているのが、Gスポットを探すために膣に指を入れてグリグリする男性だと言われています。

彼女が感じているかどうかの見極め

催眠術をかけるときは相手の顔の表情や目の動き、そして呼吸などを観察しながら深い催眠へと導いていきます。いちいち相手に聞かないのは雰囲気を壊さないためです。「今、うまくかかってますか?」などと聞いたら、せっかく受動的になっている相手の気持ちが覚めてしまいますし、信頼性も低くなります。いったん誘導が始まると、催眠が安定するまで深化に全力を尽くし、後戻りするようなことは極力しないものです。

セックスでも女性は感じている気持ちを大切にしていますから、いちいち聞いたりしないで、**相手の表情や動作から読み取ってあげることがうまくトランスへ導くコツ**なのです。

相手の女性が気持ちいいときには「気持ちいい」と声に出し、痛いときは「痛い」と言いながらでもトランスに入っていける人ならいいのですが、ほとんどの女性が雰囲気を壊すと気持ちまで覚めてしまうことを知っているので、少々痛くても我慢します。

女性は雰囲気が盛り上がってきたときに、「そこがいい」とは言えても、「痛い」とは言いにくいものです。だから、男性は相手の無意識の反応に集中して適切な判断をしないといけないわけです。

しかし、たいていの女性が気持ちいいときも痛いときも同じような声を出すので、男性側からしたら、どっちなのかよくわかりませんよね。

そこで次のことを参考にして欲しいのです。

〝刺激が強いときは離れる〟〝刺激が弱いときは寄ってくる〟

相手が自分に寄ってくるか離れていくかで判断してください。

クリニングスをしていても、相手の性器が逃げていくようなら刺激が強すぎるのです。

バックでインサートした場合もそうです。相手の背中が丸くなるようだったら、性器が逃げているので、だいたい痛がっている場合が少なくありません。

こういった無意識の反応から相手の真意を読み取るテクニックを催眠では**キャリブレーション**と言うのですが、ときおり舌と指を使いクリニングスをしていても、逃げもせず近寄りもせず、声も動きも止まり、恍惚の顔になるときがあります。これは刺激がちょうどいい場合が少なくなく、そのまま数秒もするとイッてしまうこともよくあります。

女性の性感帯は常に変動する

性感帯とは性的に感じる部分のことですよね。

女性に「あなたの性感帯は？」と聞くと、「胸」とか「耳」「クリトリス」などといった答えが返ってきます。

もちろん本人の主張なので無視することはできませんが、セックス in トランスから見た性感帯は、感覚より精神面のほうが大きく影響します。

実際に感覚のほうはそれほど変動はなく、**心が強い刺激を求めるか、弱い刺激を求めるかで気持ちよく感じる部位が違ってくる**のです。

特に膣の中は上下左右と刺激を受けた感覚が異なるので、日によって気持ちよく感じる場所が違ったりします。パートナーがいたら膣の中に指を入れて、どこが気持ち良いか聞いてみてください。微妙に変わる女性から、まったく違うポイントに移動する女性まで色々です。

その場所が右手中指の第２関節を挿入した少し斜め上だったとすると、数日後にはまったく正反対の下の方向で指を根元まで入れたところに移動しているときがあります。

だから、どんなに慣れ親しんだパートナーであっても、キャリブレーションを軽視しないで、性感帯は場所を移動するんだということを頭においてプレイしてください。

「こいつは、ここを触れば感じる」などとパートナーを人形やロボットのように扱ってはいけないということですね。

また、**性感帯はバイオリズムによっても移動します。**これは心にもバイオリズムがあるからなんですが、本来、性感帯というのはそのときの心境によって移動するものです。

男性ならアダルトビデオが観たくなるときがあると思います。このアダルトビデオも可愛い女優さんのノーマルなものを観たいときもあれば、外人のハードでアブノーマルなビデオを観たいときもあるでしょう。

たまたまエロチックな刺激を受けて発情するときもありますが、主に心のバイオリズムによって刺激を求める度合いが違ってきたりするものです。

心と体は相互関係にあるため、身体に受ける刺激もバイオリズムによって求める強さが違ってくるというわけです。

つまり、すごくやりたいときは敏感な部分への愛撫や若干ハードな刺激が気持ちよく感じたりするけれど、それほどでもないときには鈍感な部分への愛撫やソフトな刺激が心地よく感じたりする。これがバイオリズムと共に変化する性感帯です。

オーガズムに不慣れな女性はポーズにも配慮する

催眠術をかけるときの姿勢には、横になってかける仰臥姿勢や、イスに腰掛けてかけるイス姿勢といった、ある程度決められた姿勢があります。

仰臥姿勢の場合、足は肩幅ぐらいに開き、手は自然に体の横に出し、できるだけ身体を真っすぐにしてねじれないように気をつけます。

イス姿勢の場合、できるだけゆったりと腰掛けて、両手をももの上に置き、足のかかとが膝より前に出るようにします。

これは集中とリラックスを念頭においた姿勢であり、催眠というトランスに適した姿勢なのです。

催眠も車の運転やスポーツと同じ学習なので、一度かかり方を覚えてしまうと、足を組んでいても腕を組んでいても差し支えなく入っていけるのですが、なにしろ学習ですから、身体が覚えてしまうまでは障害のない楽な姿勢を積極的にとってもらわないといけません。

深い催眠に入れるか、入れないかの微妙なところで誘導しているときなんかは、姿勢が不自然だったために入れなかったということもよくあります。非常にもったいないことですよね。

姿勢の大切さはセックスinトランスの場合も同じで、セックスというトランスに適した姿勢があるわけです。

「彼とのセックスでいつもイキそうにはなるんだけど、彼が足を開きすぎて足に力が入らないの……だからイク寸前でいつもイケないで終わっちゃう……」

こんな女性も少なくありません。

男性側からすると、女性の大きく開いた足にエロスを感じる傾向があるようですが、オーガズムを迎えるときは男性と同じように女性も局部に力が集中するので、力を入れやすい体勢のほうがいいということになります。

オーガズムに慣れてしまえば、少々不自然な体勢でも達するようになりますが、やはりオーガズムを目前にした女性にはイキやすいポーズをとらせてやるのもセックスinトランスには欠かせない配慮だと言えるでしょう。

目と目を合わせてトランスを誘発

それでは、トランスへ誘導する方法を具体的に述べていきましょう。

トランスに導入する方法はたくさんあります。

何かを見つめさせて視神経を疲労させる方法、単調なリズム刺激を与えて理性を静める方法、驚かせて思考を静止させる方法など、数え上げたらキリがないぐらいたくさんあります。

その中で、まずは**威圧法（いあつほう）**という方法を紹介します。

これは古典的な催眠法のひとつで、簡単に説明すると催眠術師がよくやる「私の目を見なさい」というやつです。

人の目というのは見づらいものです。でも、見づらいからこそ相手に威圧を与えることができるのです。

人はストレスを感じると現実逃避を始めます。目を見つめ合うことで軽い現実逃避を起こし、意識は内側に向いてトランスに入るというわけです。

ただ、男は視覚で感じ、女は触覚で感じるというように、行為が始まると、多くの場合、女性は感触を味わうかのように目を閉じるものです。

先ほども言いましたが、抱き合う前の男女が見つめ合っていたり、ケンカをする寸前の人が睨み合っていたりします。本能を活性化させるにはトランスの誘発が必要なのです。

だから挿入後に、少し強引に次のような暗示をしてみてください。

「俺の目を見て!……目を開けて俺のことを見ていて!……」

こんな風にあおりたてててピストン運動をしたりすると、パートナーは身も心もトランスに入り、恍惚状態になれます。

また、**目は唯一体の外にはみ出した脳**と言われています。**目と目を合わせるということは脳**

と脳を合わせることにもなります。まさしくこれは同調を意味します。愛し合っている2人なら、お互いが速やかに優越状態になれるでしょう。

彼女のタイプに合わせて攻め方を変える

「あなたは海から何を想像しますか？」という質問をすると、ある人は「海の上に浮かぶ船」、そしてある人は「波の音」、またある人は「潮の香り」とか「砂の感触」などと答えます。

では、なぜ海というひとつのキーワードから人によって色々な連想が起こるのでしょうか？

それは**人それぞれ優れた感覚器官が違う**からです。

人間が外からの情報を自分の中に取り入れたり出したりするときは、感覚器官を通じて行ないます。視覚、聴覚、触覚、嗅覚、味覚といった五感ですね。

そして人それぞれ得意な感覚器官があり、主に得意な感覚器官を多く利用して情報を取り入れたり出したりするのです。この情報の出し入れを優先的に行なっている感覚器官を優先システムといいます。

催眠誘導の方法には、相手の優先システムを制御することで急速にトランスへと導くものもあります。

優先システムが視覚タイプの人は、視神経を重点的に疲労させる**凝視法（ぎょうしほう）**を使えば催眠に入りやすくなります。

触覚タイプの人は体の皮膚を撫で下ろす**撫擦法（ぶさつほう）**が入りやすく、聴覚タイプの人はリラックスを意味する言葉を耳元でささやく**弛緩法（しかんほう）**が催眠に入りやすかったりします。

そして、この**優先システムの制御はセックスinトランスにも役立つ**のです。

視覚タイプの人は目隠しプレイなんかをするとトランスに入りますし、聴覚タイプの人は耳元でヒワイな言葉をささやき続けるとトランスに入ります。触覚タイプの人ならセックスならではの愛撫を丁寧にすればいいわけです。特に普段は自分で触ることのできない背中などを愛撫すると、トランスに入りやすくなります。

このようなテクニックを使うためにも、まずは相手の優先システムを探さないといけませんね。優先システムの見極めは、主に相手との会話から情報を得たりするものです。

では、次の男女の会話を観察してください。

「そういえば、いま受験の時期だね」

「そうですね、私も受験生のときはいっぱい頑張りましたよ」

「そう（笑）……ところで人それぞれ得意な勉強の仕方ってあるよね〜、俺はノートに何回も書いて覚えるのが得意だったんだけど、当時付き合っていた彼女は授業中に先生の話を聞くのが一番頭に入るんだって言ってたな……君は？」

「そうですね〜、とりあえずヒアリングは苦手でしたね〜（笑）。しいていうなら私は教科書を何回も読んで覚えるのが得意だったかな……」

「そうなんだ（笑）。それで、狙った学校には合格したの？」

「ええ、いちおう（笑）」

「受かったときはどんな気分だった？」

「そりゃ〜最高に嬉しかったですよ。一瞬にして世界がバラ色になった気分でしたね」

「俺は嬉しくて体が震えたね（笑）」

「そうなんですか（笑）」


この会話の中から男性のほうは書くことが得意だったということと、会話の中で「体が震えた」などと表現することから触覚タイプと推測できます。

相手の女性は、ヒアリングが苦手だったということ、そして教科書を何回も読む、つまり字を見て覚えるのが得意だったということ、さらに会話の中で「バラ色」と表現することから聴覚タイプではなく、視覚タイプと推測できます。

ちなみに、この男性が学生当時に付き合っていた彼女は聴覚タイプと推測できます。

ただし、ここでの例はできるだけ短い文章でわかりやすく説明するためのもので、実際にはひと言やふた言で相手の優先システムを決めつけたりはしないものです。できるだけ、たくさんの情報を元におおよその見当をつけるのです。すべての人が完璧に分類されるわけではなく、どのタイプとも判断できないようなわかりにくい人がいることも確かです。

どのタイプに属しているかを完全に判断することを考えるのではなく、どちらに片寄っているかを観察するぐらいの気持ちでいたほうがいいでしょう。

だいたい、相手が発する言語の中で視覚に関する「見える」「キラキラ」「鮮やか」等の言語が多く使われているようなら視覚優先タイプとみなし、視覚を攻めます。

また、「聞こえる」「ひびく」「雑音」などと聴覚に関する言語が多く使われていたら聴覚優先タイプとみなし、聴覚を攻めます。

「触れる」「ぞくぞく」「肌触り」などの触覚的言語を多用する人は触覚優先タイプとみなし、触覚を攻めます。

ちなみに、催眠誘導の場面では、だいたい視覚、聴覚、触覚、といった3つのタイプに分けて接します。日常では、嗅覚と味覚はそれを必要としたときに発揮するもので、普段、優先システムに使っている人は少ないからです。

強く抱きしめて絶頂へ

催眠術では、「あなたはイスから立てない」「そこから一歩も歩けない」といった動きを止めてしまう暗示を入れることがよくあります。

このような暗示を禁止暗示というのですが、禁止暗示が成功すると被験者は一気に深い催眠トランスに入ります。**人間は普段自由になるものが自由にならなくなると、トランスに入ってしまう**のです。

性行為の中にも、ＳＭでよく用いられる縄縛りというものがあります。麻縄やロープで身体を縛り、自由を根こそぎ奪ってしまい深いトランスへと導くものです。SMの世界では「縄酔い」と言っているようですが、これはまぎれもなくエクスタシーというトランスです。

さて、理論さえわかればSMまでしなくても、セックスinトランスに応用できますよね。たとえば旅行先の旅館なら、浴衣の帯を利用して、パートナーの腕を縛って両手から自由を奪ってしまうこともできます。

他にも、正常位のときにパートナーの絶頂が近くなってきたと思ったら、両腕ごと身体を強く抱きしめて腕全体の自由や上半身の自由を完全に奪ってしまうこともできます。

絶頂が近いパートナーは、両腕の自由も上半身の自由も奪われてトランスに入った状態でピストン運動をされるので、そのまま一気にオーガズムへと達してしまうことも珍しくありません。

興奮を高める抑圧性のトランス

トランス誘導には、理性を静めることに重点をおく方法と、本能を活性化させることに重点をおく方法があります。

本能を活性化させるものには、抑圧性の導入といってセックスのモチベーションアップには最適な方法があるので紹介しておきます。

その前に、エリクソン博士が不妊で悩んでいた夫婦に行なったユニークなアドバイスの話をしましょう。

エリクソン博士は治療所から家に帰宅するまでの間、この夫婦に「家に帰ったらすぐにセックスをしてください。ただし、家に着くまでひと言もしゃべってはいけません」と指示をしたのです。

人は性的興奮を抱えると、しゃべることで興奮を発散しようとします。

しかし、しゃべることを禁止されたこの夫婦は、性的興奮を発散することができず、抑圧に押さえ込まれてトランスに入ってしまったのです。そして性的興奮は何倍にも膨らむというわけです。

この夫婦はエリクソン博士のアドバイスの後、めでたく妊娠したと記録にあるのですが、もしかしたらエリクソン博士は抑圧を与えて性的興奮の活性化を狙っていたのかもしれませんね。

つまり、相手のしゃべりを止めることでトランスを誘発するのです。

セックスの交渉が成立してホテルまで行く間、急にしゃべりだす女性がいます。もちろん照れ隠しもあるのでしょうが、潜在意識的には性的興奮を解消しているにほかならないのです。

「ホテルに入ったら少し静かにして雰囲気を盛り上げてみようか……」

こんな風に言っておくのもいいでしょう。

ホテルの部屋に入ってもまだ相手がしゃべり続けているようだったら、少し長めのキスでしばらく口をふさいでしまうのもいいかもしれませんね。

シチュエーションでトランスへ誘導

女性に限らず、心というのはシチュエーションにかなり影響されます。

あるカップルは付き合って1年以上にもなるのに、彼女がイケなくて悩んでいました。

そんな彼女に、「俺たちのエッチも最近マンネリぎみだから代々木公園でも行ってエッチするか？」と冗談交じりに彼は言ったそうです。

すると彼女はまんざらでもない感じで了解したといいます。

代々木公園といえばのぞきのメッカです。彼氏も冗談が本気になり、代々木公園でのセックスを決行することになります。

でも、いざ話がまとまると、彼氏のほうが尻込みをしてしまい、躊躇《ちゅうちょ》するようになったのです。

そこで考えた彼氏は、自分の家へ友達を呼んで隣の部屋からのぞいてもらう提案を彼女にしました。

もうその気になっている彼女は、そういった無謀な提案にもＯＫを出します。

しかし、友達を呼んで隣の部屋からのぞいてもらうというのは彼氏が考えたシチュエーションであり、実際には隣の部屋には誰もいなかったのです。

彼は、ただ隣の部屋との間にあるふすまを5センチほど開けただけでした。

「のぞいてる友達と目が合ったら困るから、ふすまのほうはあまり見ないようにしてね」

彼氏の友達が5センチほど開いた隙間からのぞいていると信じていた彼女は、もう服を脱ぐ前から普通の状態ではなかったらしく、自分でも不感症ぎみと言っていた彼女も全裸になると人が変わったように興奮してしまい、自分からわざとふすまの方にお尻を向けてフェラチオを始めるなど、普段の彼女からは想像もつかない行為が激しく行なわれたそうです。悲鳴に近い声で髪を振り乱し、インサートすると彼女は数秒でオーガズムに達してしまったといいます。

主導権を握るインサートとは

セックスinトランスを成功させるためには、科学的な理論を念頭においたままロマンチックな演出をすることが理想的です。

そのためにもリードの重要性を把握しておかないといけません。

とにかく気持ちに余裕を持つことが大切です。オドオドしたり、ガツガツするのは良くありません。

私が運営していたサイト『セックスinトランス　ザ・催眠術』のアンケートで募集した統計

で、「セックスの相手として、何よりも嫌なタイプは」という質問に、「ガッついている人」と答えた女性がダントツでした。

ところで、天才催眠療法士といわれたエリクソン博士は普段の会話を用いてクライアントをトランスに入れることで有名でした。

一般的催眠療法の作業工程である、導入、深化、治療暗示、覚醒といった区切りをつけないトランス誘導を好んで行なっていたのです。

エリクソン博士の会話は外見上普通の会話のように思えるのですが、その会話には一秒たりとも無駄のない催眠理論が含まれていました。

その中でも、話のリズムをゆっくりにすることで主導権をにぎるやり方は頻繁に活用されていたようです。

潜在意識はゆっくりを好み、ゆっくりのリードに安心し、主導権を委ねるのです。

実はインサートのときも、このゆっくりがキーポイントになります。

ゆっくり入れれば入れるほど主導権をにぎれます。

それに、激しく一気にインサートしてしまうと膣はすぐさまディフェンス状態に入り、刺激を鈍磨させてしまうのです。

性的トランスを誘発するためには、性感を高めることが重要です。性感の感覚を鈍くさせてしまったら話になりません。

つまり、相手の意識をリードするセックスinトランスでのインサートはいつでもゆっくりということになりますね。

行動から感情への暗示で彼女は燃え上がる

催眠状態の被験者に対し「私が催眠を解いたあと、あなたは台所へ行って水を飲みます」と暗示すると、催眠から覚めた被験者は水を飲みにいきます。

水を飲み終わった被験者に「なぜ台所へ行って水を飲んだのですか?」と聞くと、「喉が渇いたから」と答えるのです。

これは人間の行動の真髄をついたもので、どんな場合においても思考が先ではないということを証明しているのです。

それどころか催眠の研究に長く携わっている者の中には、「人間は自分の行動に理屈をつける生き物である」とまで言う人がいます。もっといえば、「人間は悲しいから泣くのではない。泣くから悲しいのだ」と言い放つ催眠家までいるのです。

上を向いて胸を張った状態で悲しい気持ちでいることはできない。下を向いた状態で肩を落とし、タメ息をつきながら楽しい気持ちでいることはできない。

いずれにしろ行動や姿勢が感情に影響を与えることは確かです。

そう考えると、セックスの時に何を目指せば相手の意識をエロチシズムにできるのかおのずと見えてきます。

そう、相手にいやらしいポーズをとらせればいいのです。相手はいやらしいポーズをとっている自分に影響されてどんどん卑猥になります。

ただし、ここで重要なのがリードのうまさ。相手が嫌がって拒否するようなリードでは感心できません。強引すぎてもラポールがマイナスになり、トランスが壊れてしまうだけです。相手の抵抗を受けないようにリードするのが、セックスinトランスには欠かせない配慮です。

女性に「相手の男性が上手だと感じたときはどんなとき？」と質問すると「気がつかないうちに恥ずかしいポーズをとらされていたとき」と答えることが多いのです。

女性は自分に酔ってしまう性質をもっているんですよね。

汚れた分だけ彼女は淫らになる

すごくエッチな気分だったのに、お風呂に入って全身を綺麗に洗って出てくると、エッチな気分がうせていたという経験はないですか？

これは、心と身体が相互関係にある証拠で、身体の汚れとみだらになれる度合いは比例するのです。

だから、ホテルへ行って性行為の前のシャワーで髪まで洗って出てくる女性は少し考え物ですし、家で入るのと同じように湯船に浸かってリラックスして出てくる女性もセックスinトランスの理論では感心できません。

「肝心なところだけ洗ったらすぐ出ておいで」というのもせっかちな感じがして余裕のない人間だと思われますから、ここは少し間接的に「俺の友達が付き合い出したばっかりの彼女とホテルへ行ったら、髪まで洗ってお風呂から出てきたらしいんだけど、ホテルでのお風呂の入り方と違うよね……」などと言っておくのも一つの手かもしれません。

また、淫らになるには心を先に汚してしまう方法もあります。

女性なら、フェラチオをすることでだいたいエッチな気持ちに火がつきます。自らの行動が感情への暗示となって淫らになるんですね。

フェラチオは男性を気持ちよくしてあげる手段でもありますが、女性自身が興奮するための方法としても有効なのです。

しかし、フェラチオに恥じらいや抵抗を持っている女性もいるはずです。そこで抵抗を弱めるように、あなたがリードしてあげてください。

いきなりペニスを口の中に入れることには抵抗がある。でも性行為の最中です。指ぐらいなら口の中に入れても大丈夫でしょう。

あなたはゆっくりパートナーの口元に手を持っていき、指先で唇をそっと愛撫します。そのまま前戯を続けながら、少しずつパートナーの口の中に指を入れていくのです。相手が指を舐めてきたらもう八割方フェラチオもＯＫです。

いったん口の中に異物を受け入れてしまうと、フェラチオに対する抵抗も薄れてしまうというわけです。そっと顔のほうにペニスを持っていくか、直接言葉に出して頼んでみるのもいいでしょう。

心の満足感で締めくくる

トランス誘導で重要なのは、相手の立場になって思いやりを持つことです。

これは導入の部分だけでなく、誘導の途中でも常に持ち合わせていないといけない心構えです。また、**誘導を途中で中断する行為はもってのほか**です。

人の意識を誘導する者は、何があろうと最後まで誘導を続けるといった覚悟もしておかないといけません。

催眠の場合は、しっかりと覚醒（催眠を解除）させるまで相手に合わせたリードが大切です。催眠を解くための最後の掛け声から、覚めたかどうかの確認、そして催眠中の感想を聞くなど、最後の最後まで責任感と思いやりが必要なのです。

セックスinトランスも同じです。ただのセックスなら構いません。でもトランス誘導ですから、途中で中断しないように気をつけないといけません。

男性の場合は射精をしてしまうと一気に覚めてしまいますが、**女性は男性のようにイッた後**

でも一気に覚めたりはしないのです。女性は余韻がなくなるまでセックスが続いているということです。

途中で中断される相手の不快感を考えると、自分がイッたからといってセックスを終わりにするわけにはいかないですよね。

相手の女性をよく観察して、性的興奮がある程度おさまるまでは、しぼんでいてもいいからペニスを抜かないことです。

観察ポイントとしては、顔の表情を観るのもひとつですが、パートナーの胸の熱を目安にするのもいいでしょう。相手の胸の熱が冷めるまでは耳にキスをしたり、髪を撫でたりして、上手にクールダウンを完了させてからペニスを抜くようにしてください。

しかし、これでもまだ誘導を終わりにしてはいけません。

洞察力に優れていたミルトン・エリクソンは、誘導の最後に必ずクライアントに感謝の意を示していました。これはトランス誘導において何よりも大切なことです。もちろんセックスinトランスも同じ。「良かったよ」でも「最高だったよ」だけでもいいんです。最後は必ず感謝の意を表してください。言葉でなくても、ほほにキスしたり、頭を撫でたりしてもいいです。

パートナーの心は褒められた感覚によって満足します。**トランス誘導は相手の心を満足させ**

て締めくくるのです。ちなみに、無意識は頑張ったあとに褒められると、次回はもっと褒められようとします。

もしかしたらエリクソンは、誘導の後に、クライアントに感謝の意を示すことを前提に誘導をしていたから失敗が少なかったのかもしれません。相手の無意識を褒めて終わりにすることを前提にしていたから、肯定的反応を見逃さなかったのかもしれませんね。

第 6 章

モテる男になるための志

ほんの少しの我慢が男を進化させる

私の生徒から、「催眠をするようになって言葉で失敗することが少なくなったんです」と言われました。実際、催眠を勉強していてコミュニケーションが上手くなったと言う人はこの生徒だけではありません。

催眠のテクニックそのものがコミュニケーションの技術ですから、練習すればするほど人との関わりが上手になるのは当然なのです。

失敗が少なくなる要因はたくさんありますが、なんといっても催眠の習得がもたらす大きなものといったら、やはり相手重視のコミュニケーションになることではないでしょうか。

人を催眠状態に導くときは、自分の言いたいことだけを言っていたのではとうてい催眠術などかけることはできません。ひとつ暗示をかけたらその反応を見て次の暗示を与える。そして、またその暗示の反応を見て次の暗示を与えるといったように進めて行くのです。そうするから深い催眠へと導いていけるのです。

経験を積んでいくと、暗示を与える前に雰囲気をうまく作ることも上手になりますし、ヘタな暗示を与えて雰囲気を壊してしまうことも少なくなります。

これは**相手をよく観察するようになるから状況判断がうまくできるようになる**のです。

もちろん催眠を勉強したって失言がなくなるということではありません。どんなに優れた催眠術師も基本的には普通の人間ですから失言ぐらいはあります。でも失敗は確実に少なくなります。

次の例は、私が食品のコンサルをやったときの打ち上げのときのエピソードです。

女性8名、男性3名で居酒屋へ行きました。始まってすぐからかなりの盛り上がりようです。しかし、この雰囲気が30分後には一転してしまうのです。

面白い冗談が飛び交っている中、20代の女性が「私、骨盤が出てんだよね〜、これが中学の頃からのコンプレックスで……」と言いました。

すると、この話に割って入るかのように、一人の男性が口を開きます。

「コンプレックスってみんな簡単に使ってるけど、本当の意味とは違う使い方してるんだよな〜、本来は心の複合性のことでユングが言いだした言葉なんだよ。みんな自分の欠点だと思って使ってるでしょ?」

彼は知的な自分を見せたくて、自分の発言が状況をどんな風に変えてしまうか考えずに突っ走ってしまったんです。彼の知識をありがたく思ってくれる場所は必ずあります。でも、この打ち上げの場でないことは確かです。

そのあとも「私、血液型Aだから神経質なんだよね〜」と女の子が言うと、「血液型と性格は関係ないんだよ! 血液にはAの粒子とBの粒子があって、Aの粒子があるのがA型で、Bの粒子があるのがB型、両方あるのがAB型、何にもないのがゼロ型で、俗にいうO型なんだよ。それでBの粒子はストレスに弱くて……」と始まります。もう取り返しがつきません。

読者の中には「その状況でそんな話をしたら雰囲気壊れちゃうよ」と思う人もいるでしょう。でもね、男って自分が知っていて他人が知らないことは自慢したくなるんですよね。特に女の子が居る席ではとっさに出てしまうこともあるかもしれません。そこで我慢できる人のほうが少ないでしょう。

でも人から敬遠されるぐらいなら我慢したほうがいいと思います。

言いたいことを我慢したら胸のあたりでモヤモヤが残るかもしれませんが、男ですからそのくらいは消化できますよね。

心理を誘導する者は、自分のアピールより先に状況判断をしないといけません。心理誘導がうまい人や催眠術をかけるのが上手な人というのは、卓越したテクニックの持ち主ではなく、「今、催眠を開始したら失敗するな」「この状況ならまず失敗はないな」といった状況判断に長けている人なんです。

ちなみに、彼は現在、私の勧めで催眠や心理誘導の勉強を続けています。今の自分を客観的に見ると、コミュニケーションにおいて話す言葉の量が随分減ったと言います。

その理由は、相手を見て話す時間が長くなったからだそうです。彼は以前まで自分が相手にどう映るのかということばかりを気にしていました。つまり、自分を見ながら話していたんですね。でも今は、相手を見て会話を進めるようになったそうです。彼のように、相手を見る時間が長くなればなるほど場違いなことをすることは少なくなります。

また、以前の自分を振り返ると「自分は人付き合いがヘタで……」などと謙遜したようなことを言いながら、心のどこかに「俺は話が上手だから、みんな俺の話を楽しんで聞いている」と高を括っている自分が居たそうです。彼は潜在意識の勉強をしているうちに、自分の内心に気づいたんでしょうね。本当にすごい進化だと思います。

本当にルックスで人生が決まるのか

「僕はブサイクな顔してるから彼女もできないし、楽しい人生も送れない」という青年がいました。確かに男も女もルックスはいいほうが有利だと思います。でも本当にルックスで人生が決まってしまうのでしょうか？

それなら逆に、人生を楽しんでる人や成功者はみんなルックスがいいでしょうか？　いいえ、決してそんなことはないと思います。さらにいえば、ルックスがいいから恋愛が上手というわけでもないし、彼女のいる男性が必ずしもルックスがいいとは限りませんよね。

「木村拓哉さんのような顔に生まれたら最高の人生だったのにな〜」という人も、よく考えてください。もし、顔で人生が決まってしまうのなら、木村拓哉さんのそっくりさんは木村拓也さんとそっくりな人生を送っていないといけなくなります。そうですよね。

男の価値なんて顔や見た目じゃありません、生き様です。

男の魅力は生き様から湧き出るのです。

私の知り合いに、顔の右ほほに少し黒ずんだアザのある男性を死ぬほど好きになった女性がいます。

彼女は看護師をやっていて、病院の内装工事に来ていた職人さんたちに初めてお茶菓子を差し入れたとき、その中の若い男性のほほにアザがあることを知りました。

彼女は毎日あいさつを交わすたびに心の中で「気の毒だな……」と思っていたそうです。

しかし、彼はその心理を見透かしたかのように、「そんな目で俺の顔見るなよ！（笑）　男は顔じゃないんだぜ！（笑）」と軽い口調で笑いながら言ったそうです。

この言葉がきっかけで、彼女は彼に心引かれて好きで好きでたまらなくなります。

おそらく彼女は、「気の毒だな……」と思っていた自分の了見の狭さに衝撃を受けたに違いありません。では、彼女に衝撃を与え、心の視野を拡げ、彼に好意を持った原因は何だったのでしょうか？

試練に立ち向かう勇気？

精神力の強さ？

前向きな思考？

心の大きさ？

いずれにしろ彼の発言は、自分の生き様を表現するのに充分な言葉だったのです。また、顔にアザのある彼自身が言った言葉だったからこそ、同情を求めて生きるような弱い生き方はしていないといったインパクトを彼女に与えることができたのでしょう。ルックスのいい奴にはできないカッコ良さかもしれませんね。

人生の楽しみ方は「僕はブサイクだから」と下を向いて生きるか、「男はハートだ！」と上を向いて生きるかの違いです。

容姿に自信を持っている人間より、心に自信を持っている人間のほうがはるかに深い絆を作れるのです。

彼女が嫌な思いをする本当の理由とは

「沈黙になると、意識しちゃって余計にしゃべれなくなってしまうんです。女性といるときの沈黙が恐いんです。沈黙が続くと相手にも嫌な思いをさせてしまうので改善できないかと方法を探しているのですが、何かいい手はないでしょうか？」

あります。では、その方法をお教えしましょう。

我々が催眠術をかけているとき、ときとして予想外のことが起きたりすることがあります。たとえば、部屋の外を大きな音の車が通過したり、ときには救急車が通ることもあります。催眠は意識を集中させることで創り出していくものですから、予想外の雑音や騒音はマイナス以外の何ものでもありません。

しかし、予想外のことが起きたからといって、すぐにあきらめるようでは、心理を誘導する者としてあまりにもお粗末です。催眠が上手な人は、たとえ予想外のことが起きたとしても、それを逆に利用してしまうほどの冷静さを持っているものです。

大きな音の車が部屋の前を通過したら、「さあ、あなたは外を走る車の音に耳を傾けます。そして、音が遠ざかるにつれて、あなたの意識も現実から遠ざかり、イメージの世界へ入っていきます……」とか、救急車の音が聞こえてきたら「いま聞こえるサイレンの音によって、想像力は一段と鮮明になり、あなたのイメージ力の手助けをしてくれるでしょう……」などといったように、いったん誘導が始まったら、周りのどんなものも、どんな出来事も、誘導の一環にすることができたら催眠術師も一人前です。

ここで先ほどの沈黙を恐がる男性の話ですが、これもマイナス要素をプラスに変える心理誘導のテクニックを知っていれば、どうってことはありません。

「沈黙って、相手が何を思ってるのか想像するとドキドキするよね」でもいいし、「男と女の沈黙って、なんか大人っぽくていいよね……」でもいいです。

このようにいえば、嫌な雰囲気の緊迫した状況を一変できます。また、こういったさりげない配慮は、嫌な状況を抜け出すだけでなく、あらゆる状況を有利に変えることだってできるのです。

今の例でも、うまくいけば〝**大人**〟〝**男と女**〟といったキーワードから、女性特有の豊かな連想が始まり、エッチモードに入ることだって珍しくありません。そして沈黙が起こるたびに連想が起こるようになります。わざと沈黙を作ってもいいぐらいです。

どうです？　沈黙は恐くなくなりましたか？　これがピンチを逆手に取る暗示です。

でもね、**相手の女性が嫌な雰囲気だと感じるのは、沈黙ではありません。沈黙を恐がっているあなたの小心な部分**です。

沈黙に負けているあなたの心が相手の女性に影響を与えているのです。あなたが沈黙を恐がらず意識もしなければ、暗示など使わなくても嫌な雰囲気だとは感じません。あなたが堂々としていれば、彼女のほうも沈黙がリラックスした空間になります。だから会話が途切れたら「この沈黙をどうしよう」などと思わず、「少しの間リラックスさせてあげてるんだ」ぐらいに思えばいいんです。

「何かしゃべらなきゃいけない」なんて焦って自分を追い込んだりする必要はありません。「俺こういうの慣れてないんだ……」なんて言い訳は、そのときの気持ちが楽になるだけで、何も成長しないし、男としての価値を下げるだけです。

人は大切なものに順位をつけたがる

好きで好きで仕方なかった彼女なのに、自分から別れを告げて、ものすごく落ち込んでいる男性がいました。

なぜ、そんなことをしたのかと聞くと、「自分が一番大切な存在ではないことがわかったからだ」と言うのです。

彼と彼女は付き合いだして約3ヶ月。事の発端は彼の最初の誕生日が近づいてきた頃でした。彼は自分の誕生日に彼女と一夜を過ごしたくて、数日前からホテルを予約していたのです。

しかし、彼女のほうは昇進試験が近く、会社での受講会や勉強で慌ただしい毎日を送っていました。

彼女は、彼の口から聞くまで、来週の火曜日が彼の誕生日だということを忘れていたのです。

「来週の火曜日、大丈夫？」

「来週の火曜日は会社の講習会だよ。送って行ってくれるって言ったでしょ？」

「講習会の後だよ」

「ん〜、わかんない」

「なんだよそれ？　俺の誕生日だぜ！」

「あっ、そうだ！」

「忘れてたの？」

「ごめん、ここのところ忙しくて……」

「火曜日、泊まれる？」

「ダメ、火曜日は友達の家に泊まって、そのまま次の日、一緒に昇進試験いくから……」

「お前、俺の誕生日と友達の約束と、どっちが大切なんだよ!?」

「前から約束してたし……」

「もういいよ！」


あとで彼女のほうが、「さっきはゴメン。悪いところを言ってくれたら直していくから。でも火曜日は友達との約束を守りたいの……」と言って謝ってきたそうです。でも彼は、「俺はお前にとって一番大切な存在じゃないみたいだから……」と言って本当に彼女と別れてしまったのです。


〝人は大事なものに順位をつける〟――これは無意識のメカニズムです。

「私は意識して大切な人に順番をつけてるよ」という人もいるかもしれませんが、本来は無意識の領域です。無意識のメカニズムである以上、理屈では通りません。

「付き合ってくれ」と言って、相手が「はい」と答えたからといって、もう一番大切な存在になったと思うほうが間違いなんです。これを思い上がりと言わずしてなんと言うのでしょうか。

彼が怒る気持ちもわからなくもないですが、たかが付き合って3ヶ月です。これからでしょう。**相手の一番大切な存在になろうとする努力こそが恋愛**そのものです。

この努力ができない人は、そもそも恋愛の態勢ができていません。

こういう人が求めているのは恋愛ではなく依存なのです。

モテる男は相手を観て言葉を選ぶ

私は催眠術を教えることを職業にしていますが、催眠術のかけ方はほとんどの人が簡単に覚えてしまいます。文章から学ぶのが苦手な人でも直接指導するとすぐ身につきます。勘の良い人なら1時間もあれば充分です。

しかし、私がいろんな書物で何度も言っているように、暗示文の丸暗記はダメです。

いまだにセミナーに来る受講生で、A4用紙4枚に書かれた暗示文を持ってきて「この暗示に目を通して、悪い箇所があったら直してください」と言う人がいます。

この受講生は、どこかのセラピスト育成講座に参加して、Ａ４用紙４枚に書かれた暗示文を驚くほど高額な料金で買わされたらしいのです。

「セミナーでモデルさんにかけたときはうまくいったんですが、それ以後、誰にやってもかからないんですよ……」

それもそのはず、**催眠をかけるときに必要なのは相手の反応に合わせた誘導暗示です。呪文ではありません。**

心理誘導において、何よりも大切なのは相手を観察することです。

催眠術といった究極の心理誘導も、相手を観察し、相手の反応に合わせて暗示を入れていくから催眠術にかけられるのです。

恋愛も相手を観ないで働きかけるとだいたい失敗しますよね。

ところで、こんな話があります。

ある17歳の青年に29歳の彼女ができました。彼は早くセックスがしたくて、女性の扱いがうまいと評判の先輩に相談をしたそうです。

そこで先輩は手順とセリフを教え、青年はメモを取ります。

先輩は先輩なりに、相手の女性が年上だということと、彼女のほうが彼に告白をしたという状況から、エロチックなシチュエーションを想像して青年に教示したのでしょう。でも、人の心は「このセリフを言えば、必ずこう返ってくる」といったようにはできていません。

先輩は想像力を膨らませて、車を運転する彼女が年下の彼に向かって「どこへ行きたい？」と言うところを想定して、彼に「ホテルへ行きたい」と言うようにと教えたのです。「相手にその気があるから『どこへ行きたい？』なんて聞いてくるんだから、いじいじしていたらダメだぞ！『ホテルへ行きたい』ってハッキリ言えよ！」などとアドバイスしたのです。

先輩も先輩ですが、このウブな青年も青年です。

彼は駅のロータリーで待っている彼女に電話をかけて、到着の時間を伝えようとしたのですが、そのときたまたま彼女が「今日はどこへ行こうか？」と言ってきたので、準備していた通りの「ホテルへ行きたい」というセリフを言ってしまったのです。

この発言で、カンカンに怒った彼女は「バカにしないでください！」と言って電話を切りました。しかし、すぐにもう一度電話をかけてきて「バカヤロー!! ふざけんな！ このクソガキ！」と言ってまた電話を切ったそうです。よっぽど腹の虫が治まらなかったのでしょう。人の心をナメてはいけません。

催眠も恋愛も、相手の気持ちを大事にすることが成功の秘訣なんですよね。

ペダルを踏み続けるねずみ

私がお付き合いしていただいている会社の男性社員とのやり取りです。

彼とはパンフレットの制作プロジェクトのときに親しくなり、恋愛の話とかもするようになりました。

ある日、社内の販売機の前でコーヒーを飲んでいると、偶然彼がやって来て、前から気になっていた女子社員と交際を始めたことを嬉しそうに話すのです。

彼は私に携帯のメールを何通か見せてくれました。

「今ホントにラブラブなんですよ！　見てください。このメール……」

「これ、彼女からのメールですか？」

「いえ、これは僕が彼女に送ったメールです……」

私が彼女からのメールと間違えたものは、ハートの絵文字が5つ並んでいて、そのあとに「愛してるよ」と書いてあり、またそのあとにハートの絵文字が5つ並んでいました。

「ハートの絵文字とかって、女の子が使うものだと思っていたので間違えてしまいました」

「男だって使いますよ。それに、毎日『愛してるって言って！』とか『ハートマークが足りない！』って怒るんですよ（笑）」

「でも、そういう要求にいつも応えていたら、飽きられたりしません？」

「いや、この子はいつも『愛してる』って言われていないと心配になる子なんです」

「そうなんですか……」

「なにか？」

「いえ、私が君の立場だったらどうするかなって考えてたんです」

「林さんならどうします？」

「私なら、相手がいくら求めてきても、『愛してる』なんて言葉はめったに使いませんし、ハートマークも使わないと思います（笑）」

「甘えん坊の女の子が嫌いなんですか？」

「いえ、そうじゃないんですけどね……」


ここで、私がハートマークを使わないと言ったのは、個人的な感覚なので、別に意味はありませんが、「愛してる」と書いたメールを毎日送信するという彼の話を聞いたとき、私はねずみを使った心理学のある実験を思い出しました。

その実験は、２つの箱にねずみを１匹ずつ入れて、どちらの箱もペダルを踏むとエサが出てくる仕組みになっています。

ただし、Ａの箱のほうはペダルを踏むと、踏んだ分だけ必ずエサが出てくる仕掛けになっていますが、Ｂの箱のほうはペダルを踏んでも時々しかエサが出てこない仕掛けになっています。

しばらくこの状態でエサを与え、ねずみがエサの配給パターンを学習したところで、どちらのねずみに対してもエサの配給をストップします。

すると、Ａの箱にいたねずみは、エサが出てこなくなるとすぐにペダルを踏むのをやめましたが、Ｂのほうにいたねずみは死ぬまでペダルを踏み続けたそうです。

この原理を日常で利用しているのがパチンコですね。

ときどき出るからやめられない。たまにしか勝てないから喜びが何倍にもなる。

「愛してる」なんて言葉はめったに使わないから価値があるんですよね。

そして彼は、私が心配していた通り、あれから１ヶ月もしないうちにフラれてしまったんです。

私が会社を訪問したとき、彼が真っ青な顔をして、「昨日こんなメールが来たんです。どうしたらいいですか？」と駆け寄って来ました。

携帯を見てみると、そこには言いにくいことがやっと言えたといった感じの彼女からの別れのメールがありました。

「残念だけど、もう私には何もできないと思います」と言わざるを得ませんでした。

彼にダメ出しをするようで申し訳ありませんが、重要な言葉を簡単に使う男性は、すべてにおいて軽く見られる傾向があります。

相手が「毎日スキって言ってね」と言ったとしても、女性はそんな風に言っている自分に酔っているだけで、毎日「スキだ」なんて言っていたら、すぐに飽きられてしまいます。でも別れるときにはきっと他の言い訳をするはずです。

だって、「毎日スキって言うから飽きちゃった」なんて言えるわけがないからです。

ここでも相手をよく観ることが重要になってきますよね。

相手をよく観察して、お互いの恋愛において重要な言葉は、ここぞといった時のために安売りはしないほうがいい。重要な言葉は重要な言葉として軽はずみに口にしたりしないほうが人間的にも重みがあると思われますし、実際に重みのある人間になります。


常日頃の言動は生き方そのものにも影響します。

大企業にも「すいません！」「申し訳ありません！」をあいさつ代わりにしている男性がたくさんいます。こういった人は必ず人より失敗が多いものです。失敗することを見越して先に失敗する自分を守る構えを作っているのだから、気軽に失敗できますからね。潜在意識の見地から見たら、**失敗する自分を待ち構えている自分がいる**といってもいい。

また、失言をしたあとに「今の冗談ですよ」といった、せこい技を使う人も同じです。こんなせこい技を持っているから失言が減らないんです。

「すいません」「申し訳ありません」を絶対に言わないと腹に落とし込めば、自動的に失敗は減ります。相手が怒ったあとで「今のは冗談です」などと、口が裂けても言わないと心に決めたら、自動的に軽はずみなことを言う前に考えてからしゃべるようになります。そして失言も少なくなる。

男性のたったひと言の失言が許せなくて、別れを余儀なくされる女性は想像以上に多いんです。恋愛には必ず波があるのだから、大事な言葉は、大事な波のときのためにとっておかないとね。

生きたお金の使い方、価値をなくした使い方

「男性とのデートで嫌な瞬間は？」と聞くと、「食事をご馳走になったあとの支払いのときです」と答える女性がいます。

「何が嫌なんですか？」と聞くと、「手持ち無沙汰と言うか、私も払いますって言えばいいのか、ご馳走様って言えばいいのか、間が持てないんです」と言う。

「では、どうすればいいのですか？」と聞くと、「私がトイレに行っている間に支払いを済ませてくれるか、食事の途中にさりげなくトイレに行く振りをして済ませてくれるとか……」な

ど言います。

私が後輩にこの話をすると、後輩は「女ってそこまでわがままなんですね……」と言ったりしますが、この女性は食事へ行ったときの支払いの仕方によっては女性から好感を持たれるという助言をしてくれているのです。

どうせ代金が同じなら、価値のある使い方をしたほうがいいと思うんです。支払いのときのたったわずかなハカライによって価値を下げてしまうのも、もったいないですよね。

ただね、やたらとお金を出せばいいというものでもないんです。

お金を使ってもてなすことばかり続けていると、相手の女性はあなたを財布だと思い始めるのです。相手が当てにするのはあなたの財布の中身だけになってしまいます。でもそれは相手が悪いんじゃなくて、あなたがそうしたのです。だから相手が負担にならない程度に、ときどきコーヒー代を出してもらうなど、たとえそれが言いにくいことであっても、あなたの魅力を財布の中の小銭に奪われてしまわないためには必要なことなんです。

また、相手の心の動きも考えずに無謀な使い方をすると、悲惨な結果になることもあります。

私の知り合いにすごいお金持ちがいて、株で５０００万円損をしても笑っているような人がいるんです。

ある日、彼から「付き合いだして間がない彼女に、高額な時計をプレゼントしたら、いきなり連絡が取れなくなったんです。どうしてですかね……」と相談されました。

おそらく、この先二度と手にすることのできないような時計をプレゼントされた相手の女性は、喜びを通り超して恐くなったんでしょう。

「時計は欲しい、でも貰うとあとが恐い」そう感じた彼女は、時計を貰ったまま彼自身から逃げることを選択したのだと思います。さぞかし罪悪感を感じていることでしょう。

お金の使い方はあなたの魅力と比例しているのが理想的です。

自分の魅力の足りない部分をお金で補おうとすると、なおさらお金のほうに魅力が出てしまうだけです。

早く相手を自分のものにしようと焦らないで、長く付き合えばそれだけ情も湧きますし、相手の中に存在感が出てきます。その存在感に見合ったプレゼントをしたほうがいいと思います。慌てて高額なプレゼントをする必要なんてありません。

それから、ついでといってはなんですが、いやらしいのになるとこんな話があります。

ある男性は、前から欲しかった車を購入することになったのですが、たまたま彼女ができたので、せっかくだから「君を助手席に乗せたくて車を買うことにしたよ」と恩着せがましく言ったら、たちまち連絡が取れなくなってフラれてしまったそうです。

いやらしさが伝わったのか、前述のように別れるときの面倒くささ（逃げ道の封鎖）を感じ取ったのか、それとも「車を買い替えて欲しいなんて思ってないのに……」と勘違い男と思われたのか、いずれにしろいやらしい下心は隠しているつもりでも隠し切れるものではありません。

フラれた原因に落ち込むのは考えもの

私がアルバイトで使っていた青年の話です。

元は普通の健康な男性で、セックスも普通にできていたそうです。

勃起とかもちゃんとするんだろうけど、きっとやればできるんだろうけど、彼は彼女ができてもエッチな雰囲気になることを避けてしまうのです。

そうなった原因というのが、前に付き合っていた彼女に言われたひと言なんです。

彼は前の彼女と別れて数ヶ月もたつのに、自分のいたらなかった部分を知りたくて、わざわざ電話をかけて聞いたのです。

「なんで俺と別れたの？」
「エッチが合わなかったから」

この元彼女の言葉を「エッチがヘタだった」と解釈した彼は、それ以後、エッチを避けるようになります。現彼女とは一度もセックスをしていません。

人の深層心理というのは表に出さないから深層心理というのです。

特に男女の別れ際に告げる理由は、本当のことを言うときが極めて少ない。フるほうは往々にして自分が憎まれなくて済む言い訳しかしないものです。

実は元彼女も現彼女も私の知り合いで、これは、私と元彼女との会話です。

「なんで彼と別れたの？」
「彼ってすごいケチなんだもん」
「ケチだから別れるっていうのは言ったの？」

「そんなこと言えないよ」

「そうだよな」

「だから、エッチが合わなかったって言ったんです」

まあ、だいたいこんなものです。彼にしてみれば当時は学生だったから余裕がなかったのかもしれませんが、元彼女の嘘の言い訳を額面通り受け取り、関係ない理由でずっと苦しんでいたんです。

でも、本当に彼を苦しめているのは元彼女の発言ではありません。彼自身の性質です。自分の思い込みとはいえ、なぜ「エッチがヘタだった」と言われたのなら「じゃー上手になってやるよ」と立ち向かっていかないのでしょうか？　はじめからエッチがうまい人なんて普通はいないでしょう。体に自信がないのなら前戯で勝負すればいいし、手先が不器用なら優しさで勝負すればいいことですよね。ひとつのことにこだわる必要なんてないでしょう。

どちらにしろ家で本を読んでいるだけでは進歩はしません。まずは場慣れをすることです。

彼の場合は彼女もいたし、たとえいなくても自分を鍛える方法なんていくらでもあります。

男性の場合、セックスの練習ができる場所なんてどこの土地へ行ってもあるはずです。**自分に**

足りないものは取り入れるか、弱い部分は鍛えて丈夫にするしかないんです。

心は無意識の領域、行動は意識の領域

他人の否定的な部分ばかりに目を向ける人はあまり好感を持たれません。

それなら「相手の悪いところは見ないようにすればいい」ということになりますよね。

でも実際には、これ無理なんです。

相手の悪いところを見て、はじめて悪いところだと認識するので、見ないようにしようと思った時点で、もう見てしまっているんです。

では、どうすればいいのか？

そうです、悪いところを見ないようにするのではなく、相手の良いところを見るようにすればいいのです。いつでも他人の良いところを探している人は必ず好かれます。

でも、人の良いところを見るというのは心に余裕がないとできないことです。

歪んだ心で世の中を見ると、すべての人が歪んだ心を持っているように見えてしまう。反対

に、心に余裕のある人は自然と人の良いところに意識が向くものです。

しかし、心の状態は、意識では自由になりません。

では、どうやって心の余裕を作ればいいのか？

心の状態は自由にならなくても、行動は自由になります。心に余裕がないときでも余裕のある振る舞いを心がけるのです。

たとえば、彼女を高級レストランへ連れて行って、彼女がスープの皿を落として割ったとしましょう。こんなとき、心に余裕のある男性なら、その失敗を無かったことにできます。ウエイターさんが片づけている間、「大丈夫だよ、気にしなくていいから」なんて言うのはまだまだ小さい。

あなたの中で本当に無かったことになれば、彼女もすぐに忘れて無かったことになります。

今は心の余裕がなくても、**余裕のある男の振る舞いを続けていれば、本当に余裕が出てくる**のです。

演じる自分はいつしか本当の自分になる。そのあなたはあなたの中にあるのだから、そのあなたになることは可能なんです。

心が行動を起こす力より、行動が心を動かす力のほうが大きいのです。

少しだけ心の無理をしてください。このちょっとした心の無理が男を育ててくれます。ハッキリ言いましょう。**努力なくして成長はありません。**

自分の心を使いこなせ

女性は、心に余裕を持った人に信頼と好意を寄せると言っても過言ではありません。余裕……つまり器の大きさです。

大きな器を持った心は人を引き寄せるのです。

女性といるときは常に余裕でいたいものです。でもそれが難しい。無理に余裕を見せようとすると却って舞い上がってしまうこともある。

ところで、私の友人に、いつも綺麗な人ばっかりと交際するプレイボーイがいます。正直なところルックスは特別ズバ抜けているとも思えません。

彼にその秘訣を聞いてみると、やはり心に余裕をつくることだと言うのです。

彼は駅ビルの靴屋で働いていた美女をゲットしたときの自慢話をします。

「彼女を初めて見たときは、あまりに可愛くて緊張してしまったよ。彼女をデートに誘いたいけど、緊張したままじゃあ、あんな美人は落とせないだろうから、気持ちに余裕を持つために、俺はまず駅ビルのテナントにいる可愛い店員に片っ端から話しかけたね。何人も可愛い女の子と話したら、そのうち慣れてきて緊張しなくなるだろう？　だから気持ちを慣らしてからあの子の居る店に行ったんだよ。彼女を食事に誘ったら、頭の上で大きな丸を作って、笑いながら『いいとも～』なんて言ってくれたよ」

彼は本当に心の使い方が上手です。

心は自分のレベルより高いものには不安を感じ、低いものにはつまらなさを感じるような、わがままな部分を持っています。

人間は自分のレベルの枠の中で浮き沈みを繰り返しているのです。

そして、彼がとった行動は一時的ですが心のレベルを上げるうまいやり方です。40キロのバーベルを持ち上げた直後に20キロのバーベルを持ち上げると軽く感じます。これと同じ原理です。

自分が緊張してしまうほどの女性を口説くときには、最高の方法と言えるのではないでしょうか。

いい女をゲットする真の方法とは

「あんないい女、俺には手が届かないよ……」

この言葉を口にする男性はそこまでです。それ以上いい女は手に入りません。

言い訳はどうでもいいんです。**いい女をゲットしたいのなら、いい女から逃げないでください。**いい女を相手にしたとき、誰だって緊張するし、舞い上がってしまうものです。完全に自分を見失ってしまうことだってある。

そして自分を見失うのが恐くて、いい女の前で恥をかきたくなくて、言い訳をして逃げてしまう。だからいつまでたってもいい女をゲットできないんです。

いい女をゲットするには**恐怖突入**を繰り返して、いい女に慣れなきゃいけない。

まずはゲットできようができまいがトライすることです。

結果はどうでもいい、なんて言ったら「そこが一番肝心なんだよ」と言われそうですが、とにかくいい女を受け入れるだけの器を拡げないことには、どんなことをしてもダメです。

モテる男はどこへ行ってもモテる。

モテる男はいくつになってもモテる。

これは**〝モテる器〟**を持っているからです。

顔やスタイルなんて関係ない。学歴も運動神経も関係ない。いい女に対応できる器を持っていたら、向こうからやって来ます。

私のクライアントだった保育士（27歳女性）は、ある日突然、自律神経失調症になってしまいました。

それでも無理をして仕事を続けていたのですが、子供たちの声が苦痛になり、やがては入院を余儀なくされるほど悪化して保育園を退職してしまいます。

その後、退院してしばらくOLをやっていましたが、身体の回復と共に保育士に戻りたくなり、再就職を願いますが、子供のキンキン声がトラウマになっていて、子供たちに近寄れません。もしかしたら子供たちを強くしかってしまうのではないかといった不安も残り、私の所に相談にこられました。

彼女には私のカウンセリングと並行して、できるだけ子供たちが集まるイベントや日曜日の公園などに積極的に出向き、恐怖突入を繰り返していただきました。

そのうち恐怖突入のコツを覚えた彼女は、子供を強く叱ってしまうのではないかといったことも、自分を信じられなくなったことも完全に乗り越えて、前に勤めていたところとは別の保育園ですが、保育士として復活しました。

そして、彼女は以前とまったく違った部分に気づいたのです。それは子供たちが慕ってくる思いの強さです。恐怖突入して子供たちの恐さを乗り越えた彼女には、それを受け入れる大きな器ができたのです。

器は真空の部分を許しません。空白になっている部分は必ず無意識が埋めようとします。だから器さえできてしまえば、無意識の引き寄せが始まるのです。

つまり、いい女を落とせるか落とせないかの前に、いい女に対する恐怖を乗り越えないといけないわけです。

逃げれば逃げるほど恐怖の対象は大きくなります。

いい女を手に入れるには、いい女に立ち向かう行動が必要なのです。

あとがき

今回は催眠を恋愛に応用するテクニックを紹介してきましたが、催眠の技術はコミュニケーションそのものです。催眠には「自分がやられて嫌なことは相手にもやらない」といった鉄則があります。これは相手の立場になれという教えです。

可愛い女の子を相手に「俺はこの子とエッチがしたいから、この子も俺とエッチがしたいはずだ」などといった都合のいい考えは、催眠の鉄則からはほど遠いものです。

相手の立場になれというのは、相手の痛みがわかる人間になれということです。ただ、相手の苦しみに対して「辛いだろう、苦しいだろう」と思うことでもありません。本当に相手の立場になることを覚えたときには、人を許せるようになります。

女性のちょっとした失言が許せなくて「このやろー、いつかみてろよ！」と思ってしまう。彼女にちょっと嫌な思いをさせられると「いつか同じ苦しみを与えてやる！」と思ってしまう。

気持ちが伝わらなかった女性に「俺がどれだけ優しい人間だったかいつか思い知らせてやる！」と思ってしまう。

自分の心の負担は絶対に許さない。自分が損をこうむることは1ミリたりとも許せない。そんな人間に誰が寄って来るでしょうか？　そんな人間のそばに誰が居てくれるでしょうか？

催眠理論から最終的に学ぶことは、人を許すための精神です。

他人を許す精神が養われたとき、あなたは女性からも男性からも大事にされる存在になれるのです。

【著者略歴】林 貞年　経営アドバイザー／催眠セラピスト
1964年、香川県生まれ。催眠誘導研究所所長。催眠誘導研究会会長。株式会社ニック代表取締役。
催眠術のかけ方から催眠療法の技術まで個人の能力に合わせた指導を実施。凝縮された催眠技術の習得プログラムは海外からも高く評価されている。
現在は独自の催眠心理を活かした経営コンサルタントとして活躍中。食品製造、販売、経営、接客、プレゼン等のアドバイスを行う。
テレビ・バラエティー番組に出演するほか、人気ドラマの監修および技術指導を手掛ける。雑誌掲載多数。著書に『催眠術のかけ方』『催眠誘導の極意』『催眠術の極め方』（以上、現代書林）、『催眠術入門』（三笠書房）などがある。
【催眠誘導研究所・公式ホームページ】
香川文部
http://www.h5.dion.ne.jp/~sleep/
福岡支部
http://www.k3.dion.ne.jp/~asso/

催眠恋愛術《さいみんれんあいじゅつ》

2009年11月26日　初版第1刷

著者 ――――――――― 林《はやし》　貞年《さだとし》
発行者 ―――――――― 坂本桂一
発行所 ―――――――― 現代書林
〒162-8515　東京都新宿区弁天町114-4
TEL03(3205)8384(代表)　振替00140-7-42905
http://www.gendaishorin.co.jp/

カバー・本文デザイン ― 吉﨑広明

印刷・製本：広研印刷㈱
乱丁・落丁本はお取り替えいたします。

定価はカバーに表示してあります。

ISBN978-4-7745-1214-3　C0011